車椅子の横に立つ人

障害から見つめる「生きにくさ」

荒井裕樹

青土社

車椅子の横に立つ人　目次

はじめに　7

1　言葉にできない生きにくさの前で

車椅子の横に立つ人　31
生と死の「情念的語り」　35
「わかりやすさ」への苛立ち　62

2　自覚なき悪意に息をうばわれる前に

生命と尊厳のために怒れるか　69
「殺意」の底を見据えること　74
憲法の断層　実存に響く言葉を求めて　82

3　都合のいい言葉を押し付けられる前に

「がんばる健気な障害者」はどこから来たのか？　日本文学の中の障害者たち　113
「一階六号室」の修羅場　『さようならＣＰ』が映したもの　134

4　生きのびるための表現

情念の残り火　「心病む人」のアートを「観る／観せる」こと　147
名もなき言葉の断片たち　「〈こと〉としての文学」を読むために　155
アートへの〈希待〉　「丘の上病院」という試み　173
「自己表現障害者」たち　182
生き延びるための「障害」　「できないこと」を許さない社会　196
「存在しないもの」にされた人の言葉　210

あとがき　222

初出一覧　228

本書の地の文中、「　」は著者による強調などを示し
〈　〉は資料・文献からの引用を示す。

車椅子の横に立つ人　障害から見つめる「生きにくさ」

はじめに

1 「にくさ」を語る

この本に収められた文章は、それぞれ異なる時期に個別の主題を掲げて書かれたものではあるけれど、実は一つの問題意識が通底している。ある人たちが抱える「生きにくさ」と、その「生きにくさ」をめぐる「語りにくさ（語られにくさ）」が交錯する状況について考えることだ。

二〇〇〇年代に入った頃からだろうか。「生きにくさ」（あるいは「生きづらさ」）という表現が、種々のメディアに散見するようになった。私のアンテナの及ぶ範囲では、この言葉は当初「発達障害」や「依存症」に関係する人たち（当事者や身内）の、その特有の苦労が話題になる際に使われることが多かったように記憶している。

しかしながら、この言葉は次第に多くの人たちに求められ、使う人の幅も、言葉の意味の幅も、徐々に広がってきたように思う。例えば、貧困状態に陥った人、不安定な雇用に振り回される非正規労働者、仕事と育児の両立に悩まされる女性、過剰な同調圧力に悩む若者たち等々――そうした人たちが抱えている「言いようのない違和感」も、この言葉に託されて表現されることが増えてきたようだ。

「生きにくさ」という言葉は、ぼんやりとして捉えどころのない息苦しさを表わすには便利な表現ではあるけれど、その反面、意味内容を明確に定義したり、簡潔に説明したりするのが難しい。もちろん、これはコインの裏表の関係にある。言い表しにくい違和感を「生きにくさ」という言葉に仮託しているのだから、その意味内容を説明しにくいのも当然のことだろう。

「生きにくさ」という言葉の意味内容は説明しにくいのだが、「『生きにくさ』の意味内容を説明しにくい理由」については説明できるかもしれない。私見では、概ね次の二点にその要因があると思う。

一つは、この言葉で言い表わされる感覚が、あまりにも多様で広範囲に及んでいる点にある。自分の心身の状態やパーソナリティが周囲と軋轢をきたしているような感覚。漠然とした馴染めなさや居場所のなさ。社会からの疎外感や取り残され感。今の生活の閉塞感や未来への絶望感。自分が不当に軽んじられているような被抑圧感。やたらに「高スペック」を求められる重圧感。こうした漠然としながらも重い実感を伴う息苦しさが、この五文字の中に押し込められている。

もう一つは、「生きにくさ」という感覚の所在地が、個人の領域なのか、社会の領域なのかがわかりにくいという点にある。「生きにくさ」は「痛さ」「冷たさ」といった身体感覚のようなものであり、我が身の内側で起きている個人的な問題でもあるのだが、また一方で、昨今の社会状況（政治・経済・文化・生活習慣など）とも密接に結びついていて、個人の領域を超える問題でもある。

つまり、「生きにくさ」は、個人の問題であると同時に社会の問題でもあるから、その両側面を捉えて語られなければならない。しかし、「個人の問題であると同時に社会の問題として語る」とは、具体的にどういったことなのか。それをイメージするのは難しい。

「生きにくさ」は、「語りにくさ（語られにくさ）」と混じりやすい。自分が抱いている「生きにくさ」を説明するのも容易でなければ、現代社会に蔓延する「生きにくさ」を言葉で捉えることも難しい。

この本では、こうした「にくさ」が交錯する問題――「うまく語ることのできない生きにくさ」や「生きにくいことが語りにくいこと」について――考えてみたいと思っている。

説明が漠然としすぎているだろうから、少しずつ例を重ねて説明しよう。こうした問題は、抽象的な言葉で理屈を述べるよりも、具体的な事例を重ねた方が伝えやすい。

いま、あなたの目の前に「一人の障害者」と「その横に立つ人」がいたとする。そうした光景を思い描いてみてほしい。もちろん「障害」や「障害者」といっても様々だから、ここでは仮に「車椅子に乗った障害者」としておこう。

この「車椅子の横に立つ人」は、どういった人物だろう?

時々、授業や講演などで、こうした質問を投げかける。すると多くの人は、この人物を「身内」もしくは「介助者（特に専門の福祉職）」と想像する。確かに「車椅子に乗った障害者」は付き添いを伴うことがあり、その付き添いも「身内」か「介助者（福祉職）」であることが多いから、こうした想像がなされやすいのも故ないことではないのかもしれない。

しかし、少し立ち止まってみたい。

いま思い描いた光景から、「障害」あるいは「障害者」という要素を差し引いて、単純に「そこにいる二人の関係」のことを考えてみてほしい。この場合、人によってそれぞれ異なる関係を思い描くだろう。あまりにも多様なイメージが乱立して、何か統一的な像を共有することもできなくなるはずだ。そして、イメージが乱立することが自然なことだと、多くの人が考えるだろう。

言うまでもなく、人と人の関係は極めて多様だ。だから「車椅子に乗った障害者」と「その横に立つ人」についても、様々な組み合わせが考えられる。たまたま居合わせた二人かもしれないし、上司と部下かもしれない。夫婦や恋人かもしれないし、何かを競い合っているライバルかもしれない。その組み合わせは無数に広がるはずだ。

にもかかわらず、片方が「障害者」となるだけで両者の関係をめぐる想像力は偏ってしまう。実際には「障害者」をめぐる人間関係も多種多様であって、さまざまな関係があるのだが、「車椅子の横に立つ人」といえば、私たちの想像力は急激に狭められてしまう（そもそも「障害者」といえば「車椅子」という発想自体、狭い範囲での想像力ではあるのだけれど）。

では、ここで、もう一度立ち止まって考えてみたい。

「障害者と関わるのは身内か福祉関係者」という想像力しか働かない環境の中で生きるというのは、どういった経験なのだろう。

もしも自分が、こうした「狭い想像力の範囲内」で生きねばならなくなったとしたら、どんなことを考えるだろう。

そうした狭い想像力には収まらない悩みや苦しみに直面した際、どんな言葉でそれを訴えればよいのだろう。

障害者本人の中にも、あるいは社会の中にも、こうした想像力しか存在しなかったならば、その中で障害者が経験する「生きにくさ」は、どんな言葉で語られるのだろう。

「自分のことを細やかに、かつ幅広い視野でおもんぱかってもらえない環境の中で生きる」ということ自体がすでに十分「生きにくい」ことだけれど、そうした「生きにくさ」は、誰が、どんな言葉で、語ってくれるのだろう。

この本が考えようとしているのは、こうした類いの問題だ。


ただし、急いで注釈を二点、付けておこう。

この本は障害者をめぐる想像力を狭めてしまうもの、それ自体の正体を見極めるところまではたどり着かないだろう。実際にこの本が試みるのは、もう少し手前のところだ。つまり、私たちが「障害」や「障害者」について想像したり、語ったりする際に、ある限られた範囲に留まってしまうことについて、一度、丁寧に「ことば化」してみることだ。

また、この本では主に「障害者のこと」を取り上げるけれど、決して「障害者のことだけ」を考えたいわけではない。「生きにくさ」と「語りにくさ」が混じり合う状況は誰にとっても起こり得ることだけれど、特に「障害者」は、社会の構造的にも、この二つの溝が重なる深みに陥りやすいように思う。ただ、こうした事情があるからこそ、「障害者」たちから社会の「にくさ」を問いなおす声が上げられてきたのも事実だ。本書は、こうした事例を考えることを通じて、より広く、この二つの「にくさ」が交わる問題について考える端緒を開きたい。

2 「その人たち」をどのように語ればよいのか

「はじめに」とはいえ、まだまだ説明が抽象的すぎるかもしれない。私自身の経験から、もう少し例を重ねてみよう。

大学院生時代からポスト・ドクターを務めていた頃、東京都内の精神科病院「平川病院」で営まれているアトリエ活動〈造形教室〉（安彦講平氏主宰）に参加させてもらっていた。[*1]

この〈造形教室〉のことを簡潔に紹介するのは、なかなか難しい（本書は「容易に言葉で説明できないもの」にあふれている)。精神科病院の一角で、主に精神科に入院・通院している(いた)人たちによって営まれている芸術活動ではあるけれど、だからといって「アート・セラピー」や「芸術療法」といった既存の療法とも異なる。

専門的な指導者の管理のもと、診断・治療・リハビリテーションを目的に創作活動がなされるのが「アート・セラピー」や「芸術療法」だとしたら、〈造形教室〉は参加者たちが主体となった活動で、「目的」のような、はっきりとした輪郭をもっているわけではない。

強いて言えば、〈造形教室〉とは「絵筆を握って自身と向き合い、一つ卓を囲んで他人と語り合い、時とともに病みつかれた心を癒す自主的な営みの場」と説明するのが、自分なりに最も違和感が少ないかもしれない。

この〈造形教室〉では定期的に、活動の成果を公共の場に展示する「〝癒し〟としての自己表現展」を開催している。私も幾度か参加させてもらったが、殺風景な会場の壁面に一枚また一枚と絵が掛けられていくことで、「絵画展」という宇宙が生み出されていく様子は、何度経験しても褪せることのない感動的な体験だった。

ある時、この絵画展に足を運んでくれた知人が帰り際に複雑な心境を語ってくれたことがあった。「とても楽しかったのだけれど、正直、何と言ってよいのかわからない」というのだ。少し不思議な言い方になるが、その時の私には知人が放った「何と言ってよいのかわからない」というフレーズの言わんとするところが、実によくわかった。というのも私自身、はじめて〈造形教室〉と出会った際、同じような感覚を経験していたのだ。

「心を病む人たち」の自己表現としてのアート
「精神科病院」の中で描かれた絵画作品

はじめて〈造形教室〉の作品と向き合った時、こうしたコンセプトの重みばかりに気をとられていた私は、渡されたアンケート用紙の感想欄に何と書いたらよいのか、まったくわからない状況に陥ったのだった。

例えば「皆さん絵が上手いですね」というコメントは、とても「上から目線」に響くだろう。出展者たちの中には美術学校に通った経験を持つ人や、独学でも長いキャリアを持つ人もいる。そうした描き手に対して「上手いですね」とは、言うのが憚られる類いのコメントだ。

「がんばっていてすごいですね」とも言いにくい。どこか「同情的」もしくは「指導的」なニュアンスになってしまう。出展者たちは、何かに対して「がんばる」こと自体が評価されるような立場にいるのだろうか。逆に、観覧者である私は、描き手に対して、「がんばったこと」を評価するような立場にいるのだろうか。

「面白い絵ですね」という言い方も、どこか失礼な気がする。出展者の中には筆舌に尽くせない人生の苦難を経験し、それを創作活動の動機としている人も少なくない。そうした真摯な活動を「面白い」という言葉で済ませてよいのだろうか。

展示作品の中には、一見コミカルなものもある。そうした作品を見て思わず笑いがこみ上げたとしても、果たして笑ってしまってよいのだろうか。もしかしたら、そこには深刻な事情があるかもしれないのに。

逆に「怖い」作品や「意味がわからない」作品もある。しかし、こうした印象を作者に伝えてしまってよいのだろうか。相手を傷つけることにはならないだろうか。かといって、何の感想も述べないことも違う気がする。黙ってしまうこと自体、作者の努力を黙殺することになってしまうのではないか。

展示作品の中には、描き手自身の「病気」をテーマとしたものも少なくない。こうした作品は、観覧者として会場を訪れた私が触れてしまってもよいのだろうか。特に医療・福祉の領域では、個人情報やプラバシーの保護が強く求められる。そうした昨今の状況下で、これらの作品を「観て」しまってもよいのだろうか。

一枚一枚の絵に確かに心が揺さぶられたのに、それを言葉にしようとした途端、こうした逡巡や戸惑いが頭の中を駆け巡り、何と言っていいかわからなくなる——といった感覚に陥ったのだ。

〈造形教室〉の参加者たちは、病み疲れた心で現代社会の荒波を泳ぐような「生きにくさ」を抱えている。その「生きにくさ」の内実は、作者本人も言葉では「語りにくい」ものだろう。

では、そうした「生きにくさ」を伝える作品に対して、私や知人が覚えた「語りにくさ」とはなんだったのだろうか。単なる語彙力や表現力の不足なのだろうか。いや、そうではなく、ここにはより広く、深く、社会的かつ文化的な問題が潜在しているように思えてならない。

3 「谷間」の感覚

〈造形教室〉の絵画展には実に様々な人たちが訪れるが、その中には、芸術やアートに関心をもつ人と、医療や福祉に関わる人が少なくない比率でいるようだ（ちなみに、私自身はどちらかと言えば前者に属し、先の感想を伝えてくれた知人は後者に造詣が深い)。

芸術・アートと、医療・福祉は、これまであまり接点をもつことがなかった領域だが、近年では両者が交差し、互いに協働するような活動が各地で試みられている。[*2]

例えば、知的障害や自閉症をもつ人たちの描いた絵が有名美術館で公開展示されたり、医療施設で行なわれている作業療法やデイケアなどで本格的な創作活動が試みられたりする事例も増えている。

しかしながら、これら二つの領域はもともと基本とする理念が大きく異なっている。その相違点を、ここでは一つだけ取り上げて考えてみよう。

芸術・アートという領域では、不可避的に「評価」が伴う。観覧者にとって「好きか嫌いか」といった単純な判断から、市場価値とも連動したものまで、幅広く「評価」という価値観がつきまとう。もちろん、こうした価値観に抗うような潮流もあるが、「評価に抗う」という姿勢が成立すること自体、芸術・アートがこうした価値観と相即不離であることを意味しているだろう。

対して医療・福祉の世界では、誰かを「評価」するような姿勢は往々にして倦厭される。治療や支援は人権に関わる事柄であって、無差別平等を基本理念としなければならないからだ。もちろん、個々の事情や状況に応じて治療や支援の優先順位のようなものはあるだろうが、誰かから高い「評価」を受けた者が、そうでない者よりも手厚い処遇を受けられるといった考え方はしてはならない（現実にそのようなことがあったとしても、それを「善」としてはならない）。

これまで「障害者」といえば、主に医療・福祉の領域に属する人たちのことであり、そうした人たちについて語る言葉も、医療・福祉の文脈に即したものであることが望ましいと考えられてきた。例えば「障害者のアート」を銘打った絵画展などでも、すべての作品をかけがえのない個性として認め、創作に注がれた意欲や努力を無条件に尊重することが良しとされることが多かったように思う。[*3]

しかしながら、〈造形教室〉の絵画展は、このどちらかの領域に収めることが難しい。医療・福祉の文脈で語るには「本格的」な作品が多く（一〇〇号を超える油彩画や会場の壁一面を埋め尽くす連作なども珍しくない）、また一方で、絵筆を握る一人一人は医療・福祉のサポートを必要とする当事者である（今日という日を「生きる」ことに、既に十分な努力を重ねている人たちであり、絵筆を握るという営み自体が肯定・尊重されるべきである）。

もしも〈造形教室〉の絵画展が、芸術・アートの文脈に沿うものであれば、作品を「評価」する言葉を発しやすいのだろう。「常人」や「普通の人」とは異なり、「病気」によって研ぎ澄まされた特殊な感性をもつ人たちの作品として対面すればよいのだから。

逆に医療・福祉の文脈から逸脱していなければ、すべての作品を等しく肯定する主旨の感想を述べやすいだろう。相手を傷つけるような上から目線の「評価」を避け、手厚さと慎重さをもって肯定すべき人たちの作品として対面すればよいのだから。

今から思えば、私や知人が抱いた「何と言っていいのかわからない」という感覚は、芸術・アートと医療・福祉という二つの領域を分かつ「言葉の谷間」に陥った経験からきたものだったのではないか。

4 「言葉の谷間」

「言葉の谷間」という表現には、実は元ネタがある。障害者福祉施策のあり方が論じられる際、しばしば用いられる「制度の谷間」という表現から着想を得たのだ。

「制度の谷間」という言葉が、厳密にいつから使われはじめたのか定かではない。ただ近年では、二〇一二年に「障害者自立支援法」が「障害者総合支援法」へと改定される際、難病者への対策を求める議論の中で頻繁に使われていた。

「障害者自立支援法」はその対象となる障害を身体・知的・精神としていたため、難病をもつ人たちは同法による福祉サービスを受けられずにいた。そこで従来の三障害に難病を組み込み、幅広く支援策を講じられるように制度設計されたのが「障害者総合支援法」であった。

難病を組み込んだという点では前進した障害者総合支援法だが、実は難病当事者たちからは懸念と批判の声があがった。というのも、同法では支援対象となる難病が「病名」によって区切られていたからである。

一口に「難病」といってもその数は数千にも及ぶとされ、一人一人の患者の症状や状態も様々だ。こうした実状があるにもかかわらず、支援の対象となる難病を「病名」で区切り、選別してしまえば、必ずそこから取りこぼされる（つまり「谷間」に置かれる）人たちが出てきてしまう。

このような事態を避けるためには、総合支援法の対象となる人々を「病名」で区切るのではなく、それぞれの人が抱える「生活の困難さ」で判断すべきである、というのが、難病当事者たちから寄せられた批判だった。

「制度の谷間」とは、いわば「そこに生きる人々」と「法制度」との齟齬を言い表した表現だろう。顧みれば、古くは一九五〇年代にも、障害者福祉施策が切実に救済を求める人たちを「谷間」に落とし込んでいたことが社会問題になった。

当時の福祉制度は、「身体障害」と「精神薄弱」（「知的障害」の旧名）が縦割りで設計されていたため、その両方を併せもつ子どもはどちらの救済対象にもならず、かといって重い障害があるために児童福祉法の対象にもならないという事態が生じていた。

こうした問題に対応するため、糸賀一雄や小林提樹といった民間人たちが法改正から入居施設建設、そして社会啓発に至るまで、文字通り人生をかけて尽力したのだが、その尽力の一つに「身体障害」と「精神薄弱」の両方を併せもった子どもたちを言い表す呼称を模索するという作業があった。*4

「谷間」に対応するために呼称を作り出す必要があったというのは、きわめて示唆的だろう。つまり「谷間」には言葉が少ない。あるいは、言葉が少ないところに「谷間」が生じやすいのだ。

5 定型的な語り

議論の焦点を「福祉に関する法制度」から、「この社会における言葉のあり方」や「私たちの日々の言語活動」にまで広げて考えてみよう。

先に「制度の谷間」を「そこに生きる人々」と「法制度」との齟齬と捉えたけれど、ここでは前者を「障害者」に、後者を「障害者の語り方（語られ方）」に、それぞれ当てはめて考えてみたい。

この社会には、ある物事について語る際「そうした語り方が普通」「そのように語るべき」といった「語りの定型」が存在しているものがある。例えば、かつても今も、障害者は「弱い」「不幸」「無垢」「健気」「懸命」等々といった価値観とともに語られることが多い（障害種別によってこの定型は微妙に異なり、「精神障害」や「知的障害」では「危ない」「怖い」といった要素が含まれることも多い）。

これは裏返せば、障害者という存在はこうした価値観と組み合わせれば（組み合わせた方が）語りやすいということでもある。しかし、その定型的な語りが、現にこの社会で生きる人たちの多様な様子を的確に捉えているとは言えない場合も少なくない。

言うまでもないが、「障害者」と呼ばれる人たちも十人十色であり、それぞれ異なる個性を持ち、異なる境遇で、異なる人生を生きている。そうした多種多様な人たちをある種のイメージの型枠に押し込んで理解しようとするのは、一種の差別に他ならない。「その人たち」にまつわる限定的なイメージが普及することで、現実に生きている個々人がそのイメージと合わないという理由で疎外されたり、息苦しさを押しつけられたりするからだ。

実際、障害者に対する紋切り型の表現は、これまでも繰り返し批判されてきた。記憶に新しい例で言えば、Eテレの情報バラエティ番組「バリバラ（Barrierfree Variety Show）」が、日本テレビ系列の有名チャリティ番組「24時間テレビ」にぶつけて「障害者×感動の方程式」と題した特番を組み、障害者が感動や勇気を与える存在として描かれることを「感動ポルノ」と批判したことが話題になった。*5

こうした障害者の定型的な語り方（語られ方）を逐一批判していくことは大事だが、そのような批判は「では、障害者のことをどのように語ればよいのか」といった更なる問いを招くことになる。

誤解を招かぬよう指摘しておくと、この本は「障害者のことはこのように語るべきだ」といった模範解答や最適解を示すものではない。この本が伝えたいのは、障害者のことを「定型」から逃れて語ろうとする際に陥る「言葉の谷間」について、一度しっかりと考えることも大事なのではないか、という点だ。

6 「谷底」から考える

既存の定型では語れない「言葉の谷間」に陥った際、人は往々にして新たな丘を作りたがる。つまり、そのものを指し示す用語を作りたがる。確かに、ある物事に対する社会的な関心を高めるためには、こうした名付けが必要かつ有効な場合もあるだろう。

例えば、一部の業界では、芸術・アートと医療・福祉が交錯する領域を示す「アウトサイダー・アート」「アール・ブリュット」といった言葉も存在する。先に紹介した平川病院〈造形教室〉のことも、こうした用語で名指せないこともない。

しかし、私が試みたいのは、「語りにくい」ものを何らかの仕方で「語りやすく」することではない。むしろ、その「語りにくさ」の中に留まることで——「語りにくさ」それ自体を追究することで——見えてくるものを捉えることにある。

「障害者」について「語りにくさ」を伴うこの社会とは何なのか。

「障害者」について「語りにくさ」を抱える私とは何なのか。

どうして私の中には「障害者」を語る言葉のバリエーションが少ないのか。

このような問いを我が身へと折り返してみた時、何が見えてくるのか。こうした問題について考えていきたい。

また本書では、こうした問いを当事者目線で捉え返すことにも試みてみよう。「障害者」について「語りにくさ」を伴う社会の中で、障害者本人たちは、自身が抱える「生きにくさ」を、どういった言葉で語るのだろうか。

障害者が「障害者」であることによって押しつけられる「生きにくさ」を、この社会は、どのような言葉で語ってきたのだろうか。

ある特定の物事や人々に関する「語りにくさの度合い」は、その物事や人々との「共生の度合い」を測る尺度になるはずだ。だとしたら、まずは我が身に根ざす「語りにくい生きにくさ」について、深く掘り下げることからはじめてみたい。

註

＊1　以下、〈造形教室〉を例に「芸術・アート」と「医療・福祉」の関係について記述した箇所は、拙書『生きていく絵——アートが人を〈癒す〉とき』（亜紀書房、二〇一三年）を踏まえたものである。あわせて参照されたい。

＊2　二〇一〇年代に入って以降、こうした試みが目立つようになったように思う。特に東京２０２０パラリンピック大会の開催が拍車をかけたようだ。

＊3 こうしたアート展では、「審査」などによって作品を選抜したり、「賞」のようなかたちで作品を序列化することに抵抗を覚える人も多い。著者も実行委員を務めている「心のアート展」（東京精神科病院協会主催のアート展、二〇〇九年より開催）では、二段階に及ぶ「審査」を設けているが、開催期間中、そのことへの違和感を示した感想が寄せられることも少なくない。

＊4 糸賀・小林らは「心身障害児」という呼称を考案した。当初、この呼称には反対意見も多かったが、その後「重症心身障害児」という呼び方が定着し、法律用語としても記載されるようになった（小沢浩『愛することからはじめよう――小林提樹と島田療育園の歩み』大月書店、二〇一一年）。

＊5 もともと「感動ポルノ」という言葉は、豪州のジャーナリスト、ステラ・ヤングのものとされている。Eテレの同企画を詳細に報じた『朝日新聞』（二〇一六年九月三日）の記事は、当日の番組の様子を次のように伝えている。〈番組では冒頭、豪州のジャーナリストで障害者の故ステラ・ヤングさんのスピーチ映像を流した。ステラさんは、感動や勇気をかき立てるための道具として障害者が使われ、描かれることを、「感動ポルノ」と表現。「障害者が乗り越えなければならないのは自分たちの体や病気ではなく、障害者を特別視し、モノとして扱う社会だ」と指摘した。〉

1　言葉にできない生きにくさの前で

車椅子の横に立つ人

あのころの私にとって、車椅子は「押す」ものではなく、「追いかける」ものだった。障害者文化論を研究しはじめた大学院生時代、花田春兆（一九二五～二〇一七年）という文筆家に師事した。重度脳性マヒ者で、障害者業界では有名な長老だった。外出される機会の多い方で、愛用の電動車椅子を操っては、毎週のようにあちこちを飛びまわっていた。二〇代半ばだった当時の私は、春兆先生に指示されるまま、車椅子の後ろをついてまわっては、会議や打ち合わせのメモをとり、原稿に必要な調べものなどを手伝った。表向きは「私設秘書」。でも実質的には「使いっぱしり」。「面白いことやるから、来て」とだけ書かれたメールを受けとって、あわてて電車に飛び乗ることもしばしばだった。

そんな無茶ぶりを楽しめたのは、祖父母と接した記憶のない私にとって、半世紀以上も歳の離れた先生との会話が未知の刺激に満ちていたからだろう。昔の障害者も学校には通ったのか。障害者も戦争には行ったのか。一九六四年の東京パラリンピックはどこで観たのか。興味本位で投げかける質問の一つ一つに、飄々とした語り口で答えてくださるお人柄が何とも愛おしく、私はついつい先生のお部屋で長居してしまうのだった。

約四年間つづいた私設秘書時代。記憶にある限り、先生のご子息に間違われたことが二回あった。また、それとはべつに、ある福祉関係者からやんわりと「苦言」を呈されたことが一回あった。

それは障害者団体の会議に同伴したときのこと。珍しく「少しは気の利いた格好を……」と思った私は、一張羅のジャケットに革靴を履き、肩にかけるバッグを持っていた。そんな私に、ある福祉職の方が「介助を行なうのならば、もう少し動きやすい服装のほうがいいのではないか」といった言葉をかけてきた。その言葉に、私は強い違和感を覚えたのである。

車椅子に乗る障害者がいて、その横に立つ人がいたとする。あなたは、その二人をどのような間柄だと思うだろうか？

私の経験では、ほとんどの人が「横に立つ人」のことを、障害者の「身内」か「介助者（特に専門の福祉職）」と受けとめる。普通に考えてみれば、「障害者は身内か介助者としか付きあわない」などということは、まったくないはずなのに。

本来、人間関係というのは多様なはずだ。友人・知人・恋人と、はっきり名指しできる関係だけでなく、曖昧だったり謎だったりして、うまく説明できない間柄というものもある。

先生と私の関係も、言葉では表わしにくいものだった。行きつけの居酒屋で長居して、先生が入居する施設の門限に遅れたり、結婚記念日に奥様へのお花を代わりに届けたり、小説の解釈をめぐって大人げなく言いあったり、個人的な悩みの相談に乗ってもらったりするような間柄だった。

一方で、「介助」らしい「介助」を依頼されたことはない。貴重な研究資料の提供を受けたから「ボランティア」でもない。「友人」など畏れ多く、「知人」ではよそよそしい。だから私は、苦しまぎれに「私設秘書」を自称していた。

そんな私が「息子」や「介助者」と間違われた。あのときに私が感じた違和感を強いて言葉にするのなら、「もったいない」だったかもしれない。何かとてつもなく大事なものを、あっさり見落とされたような気がしたのだ。

「車椅子の横に立つ人」を、ごくごく狭く捉えてしまう想像力は、いったい何から生みだされるのだろう。障害者と関わる機会が圧倒的に少ないという社会の仕組みだろうか。

障害者は特定の人たちが関わるものであり、自分とは関わりがない（関わりたくない）という思いこみだろうか。あるいはそれ以外にも、障害者にまつわる想像力を縛りつける何かがあるのだろうか。

仕組みも思いこみも想像力も、目には見えない。でも、「壊さなければ前に進めないもの」は、往々にして目には見えない。はっきりとは姿を現さないそんなものに、無性に苛立ってしまう。いつか正体を見極めて、ぶち壊したいと思う。

生と死の「情念的語り」

1　はじめに

法制度というものは、どれだけ緻密に作られていても、そこには必ず「谷間」が生まれる。逆に言えば、緻密に作られるべきシステムだからこそ、人間という不合理な存在を包み込みきれないのかもしれない。

二〇一二年に議論された「尊厳死法案」（「終末期医療における患者の意思の尊重に関する法律案（仮称）」）も、そうした「谷間」を備えた法案だったが、同法案は人間の「尊厳」や「生と死」に関わる法律であった以上、その「谷間」は決して看過してはならなかった。

この法案が抱えていた「谷間」がどういったものであり、どういった人々の声が置き去りにされうるものだったのか。本章では、そうした点について考えてみたい。

自らの死を自らの望む形で迎えたいという意思について、それ自体の善悪を判断することは難しい。生と死の問題は、論理や規範で一律かつ一義的に決せられる問題ではなく、むしろ個々人の感情や感受性の領域に深く関わり、唯一の正解や、誰もが納得し得る解決策などを見出しにくい問題である。

あるいは、本質的に解決不可能な難問だからこそ、現実的な妥協点が社会的な約束事として模索されるべきであるという意見もあろう。「尊厳死法案」の背景にもそのような意図があったように思われる。

しかしながら、生と死の問題を法という規範によって制度化することについては、そこからこぼれ落ちる問題の大きさを考えると、どうしても違和感を拭いきれない。

筆者が個人的に気にかけているのは、人が生と死に関わって発する語りの複雑さや難解さについてである。同法案は、延命治療の不開始に関する「患者の意思の尊重」を掲げている。いわば死への意思表明の法制度化としての性格を有するようであるが、しかしながら、そもそも個人の「意思」とは、それほど明解かつ揺るぎなく表現し得るものなのだろうか。

生と死を我が身のこととして語らねばならない窮境に立つ人間が、その生と死について語る言葉は、時に感情的になり、他者との関係性の中で複雑な葛藤を孕んでいることが多い。それは発する側も受け取る側も、その「真意」を簡単に解釈できないし、また「簡単には」解釈されたくないという、幾重にも屈折した語りでもある。そのような重層性や揺らぎや葛藤を内包した語りのことを、本章では仮に「情念的語り」と呼んでみたい。

「情念的語り」は、均一で均質な適用を前提とする法制度化といったものには本質的に馴染みにくい。同法案でも、個人の「意思」を書面によって明確に表明することが想定されているようであるが、おそらく、そこには法の厳格な運用を期するために（あるいは個人の「意思」なるものに含まれがちな曖昧さや揺らぎを訴訟リスクとして排除するために）、一定の書式を整えた既成のフォーマットが設定される可能性も考え得る。*1

しかしながら、「情念的語り」は画一的なフォーマットに収まるものではない。あるいは収まるものではないからこそ、専門家によって周到に整備された特別なフォーマットが必要なのだという意見もあろうが、個人の入り組んだ「情念」を緩やかに解きほぐす法制度というものは、残念ながら想像がつかない。

あらかじめ断っておきたいが、本章が目的とするのは、「尊厳死法案」について、法や制度としての整合性を検討することではない。むしろ、本質的に制度化し得ない事柄について語ることを通じて、ささやかな問題提起を行なうことである。筆者が過去に検討した生と死の「情念的語り」の事例を再考することで、死への意思表明を制度化することに対する違和感の余白を広げてみたい。

2 「情念的語り」は重層的である[*2]

生と死を分かつ窮境に直面した人間は、当然、少なからぬ苦痛をその身の内に抱えている。人間がその身の内に抱えた苦痛を誰かに伝えようとする表現は、決して直線的でも単層的でもなく、複雑に屈折し重層化されている。その重層性の一断面は、たとえば「苦しみ」と「苦しいこと」という概念で説明することができるかもしれない。

仮に「自分の苦しみをわかって欲しい」という表現と、「自分が苦しいことをわかって欲しい」という表現の二つの言い回しを想定してみよう。おそらく両者は、その性質に微妙な違いがある。簡略に整理すれば、前者は表現への欲求が前面に打ち出されるのに対し、後者は関係性への欲求が背後に潜在しているように思われるのだが、詳しい内実は以下の論述の中で少しずつ説明していくことにしよう。

この「苦しみ」と「苦しいこと」の違いを気付かせてくれたのは、統合失調症と診断され、長らく精神科医療機関にかかりながら、描画活動を心の支えに生き抜いてきた一人の女性（仮名・実月）との出会いである。実月は一〇代前半から幾度か精神科への入院を経験してきた。問題の多い家庭で育ち、思春期頃から激しい家庭内暴力と度重なる自殺企図を繰り返してきたが、都内の某精神科病院内に併設されたアトリエに通い始め、描画活動を通じた仲間との温かな交流が生まれたことで落ち着きを取り戻し、現在は服薬と通院を続けながら一人暮らしをしている。

写真１　「無題」2006 年 11 月

　実月の心の変遷は、彼女の描画作品の変化が物語っているように思う。アトリエに通い始めたばかりの実月の絵は、「図」と「地」が混沌とした殴り書きのような状態であった（写真1）。閉塞的な家庭環境で生きてきた彼女にとって、自己と他者との関係性は、この絵のように混沌と癒着し、相互に抑圧的な関係にあったのだろう。対して、アトリエで良好な人間関係を築くことができるようになってから、実月の絵は少しずつ「図」と「地」の輪郭を獲得し、自身の心の様相を、物語性を帯びたモチーフによって表現し得るに至っている（写真2）。

写真２「帽子の下の涙」2009年7月14日

筆者は実月と約四年間、定期的に対話の場を持ってきた。その対話の中で、彼女が自身の半生を振り返り、家庭内暴力や自殺企図について語った文脈において「自分が苦しいことをわかってほしかった」と表現し、「自分の苦しみをわかってほしかった」とは表現しないことにふと気付かされた。後に確認したところ、本人はこの二つの言い方を自覚的に区別していたわけではないようであるが、しかし両者の間には、微細なニュアンスの相違以上に本質的な違いが内在していたように思われる。

実月が通うアトリエには、彼女と同じような境遇にある人が少なくない。乏しいながらも、そのような人々と接してきた経験知を総動員して説明すれば、人間が表現する「苦」

なるものには、少なくとも異なる二つの位相が混在していると言えるだろう。

一つは、「自分の苦しみをわかってほしい」という位相であり、この場合、「苦しみ」の内実を本人がある程度把握しており、それを誰かに伝えたいという表現への欲求に重点が置かれ、なぜ苦しいのか、どのように苦しいのか、どういった手助けが必要なのか、といった事柄を表現し得ることが多いようである。

もう一つは、「自分が苦しいことをわかってほしい」という位相であり、この場合、本人にも「苦しみ」の内容を把握しきれず、また詳細に表現することもできないが、苦しんでいる自分を受け止めてもらいたいという関係性への欲求に重点が置かれていることが多いように思われる。そこに潜在しているのは、「自分にもどうして苦しいのかわからないし、うまく説明もできないけれど、とにかく苦しんでいる自分を受けとめて欲しい」というメッセージだと言えるだろう。

写真1は、少なくとも「図像の意味」という点に関しては「解釈」することが難しい絵である。おそらく実月は、このような激しく荒々しい描画行為自体を通じて、自身が「苦しいこと」を伝えようとしたのだろう。この頃の実月は、ともすると自殺を企図する言動を繰り返していたが、重要なのは、そのような言動も「苦しいこと」をわかって欲しいという切実な（そして文字通りの）身体表現であったということである。彼女は本当に死を求

めていたわけではなく、むしろ死なるものの重みを通じて、自身が直面している「苦しいこと」の切迫感を訴えようとしていたのだろう。

対して写真2は、共感可能な物語性を帯びていることがわかる。実月はアトリエという安心できる関係性の場を得ることで、それまで表現し得なかった「苦しみ」の内実（自分の生い立ち・親族との複雑な関係性・病状など私的な領域に関わる問題）を少しずつ表現できるようになり、「自分で自分を大切にしたい」という気持ちが芽生えはじめていった。

人間の感情表現は、それを受け止める相手との関係性に大きく左右される。喜怒哀楽を表現すると言っても、どのような言葉をつかい、どのように表現するのかは、受け取る側との距離感や力関係に影響される。人が抱えた「苦しみ」を表現することは、発する側にとっても受け取る側にとっても容易なことではない。また、近しい間柄だからといって、「苦しみ」を表現しやすいとは限らない。その「苦しみ」の原因が近しい人々に起因するものである場合、近しいが故に打ち明けられないことは容易に想像がつく（「苦しみ」を表現しやすい関係性とは、親権や相続権といった法的に承認された関係性とは必ずしも一致しない）。

「苦しみ」を率直に表現しにくい状況に置かれた者は、「苦しいこと」を察してもらえる表現を模索する際、時として暴力や死といった極端な方向へと傾斜してしまうことがある。重要なのは、その傾斜の背後にある重層性といかに向き合うかなのだが、個人の「意思の尊重」という一見穏やかな言葉は、その重層性を掬い取るには、あまりにも網目が粗雑だと言えよう。

3 「情念的語り」は自己演出的である[*3]

「尊厳死」なるものの必要性が主張される際（あるいはかつて「安楽死」なるものの必要性が主張された際）、そこにはある種の「強さ」のようなものが想定されているように思われてならない。すなわち、自らの死の決断という重大な負荷に耐え得る「理性」を有した人物が「主体的」に下した「自己決定」を前提としているのである（先に言及した「尊厳死法案」でも、法的に遺言能力のない一五歳未満の者や、状態によって「意思」の確認ができない者、あるいは「認知症患者」「知的障害者」は対象から除外されていた[*4]）。

「尊厳死」とは、どうやら「尊厳」といった高度に概念的な価値観に照らし合わせて、自分の生と死の意義を判断し得ることを前提としているようであるが、そのような判断には不可避的に「他者への配慮」＝「他者からの影響」（家族の心理的・経済的負担や医療費を担う社会への配慮）が介在するであろうことは容易に想像がつく。では、果たして純粋な意味で「理性的」で「主体的」な「自己決定」などあり得るのだろうか。

この問題を考える事例として、日本の脳性マヒ者たちの社会運動は貴重な思想的蓄積を有している。特に一九六〇〜七〇年代の脳性マヒ者たちは、障害者の生の存在意義について激しい議論を積み重ねてきた。たとえば「日本脳性マヒ者協会 青い芝の会」などは、その主張のラディカルさにおいても、実力行使の規模においても、象徴的な団体であろう。*5

同会は一貫して「弱者差別」や「生命の選別」に繋がる思想を批判し続けており、生命を経済効率や功利性といった観点から価値づけることを糾弾し続けてきた。生殖技術の臨床的な応用に対し、それが「生命の選別」や、場合によっては「障害者差別」に繋がる可能性があるとの批判的見解が出されることもあるが、そのような見解の嚆矢となったのも同会であった。同会は二〇一二年の「尊厳死法案」に対しても、〈人間の命を尊厳ある状態と尊厳のない状態に分けて考えること自体が障害者差別につながる〉〈もし、「尊厳死法」なるものが法制化されるならば、拡大解釈され、治る見込みの無い患者、障害者、老人は周りの圧力で死を選ばざるを得なくなる〉*6との反対意見を表明している。

重要なのは、このような「青い芝」の思想が七〇年代に突如として湧き上がったわけではないという点である。たとえば「青い芝」の思想的・人脈的な源となった障害者文芸同人団体「しののめ」では、すでに六〇年代から、同名の同人誌『しののめ』を舞台として、

「安楽死」等の問題が議論されている。六〇〜七〇年代の「安楽死」という言葉は（法解釈上の議論は置くとして、社会的な関心事という次元で捉えた場合）、かなり広い概念を内包したものであった。治癒の見込みのない末期患者への苦痛緩和を目的とした処置という意味だけではなく、家族や社会の負担となり生きる喜びも味わえない者（特に重度障害者）を「安楽」の中に死に至らしめること、という意味も込められていたのである。*7

注目すべきは、当時の「しののめ」同人（多くは重度障害者）たちは、この「安楽死」に対し、決して明確な反対意見を表明しているわけではなく、むしろ言葉の上では積極的に支持さえしていたという点である。たとえば同誌の有名な特集号『特輯――安楽死をめぐって』では、少なからぬ同人が「安楽死」支持を表明している。次の発言も脳性マヒ者本人によるものである。

人間の生命はどんな人間のものでも尊いものであり大切に生かさなければならないという事はいうまでもなく一番大事な道徳であり倫理でありましよう。しかし生命を尊重したがために長い年月にわたつて、その人に肉体的精神的な辛苦を与えるのと何も知らない中に苦痛なく死なせるのと、どちらがより人道的と云えるでしようか？長年の辛苦を与え、到底自分で生の喜びを摘むことが出来ないと分つている者を無理に生かしておくのは一つの罪悪ではないでしょうか？

　極言すれば（屁理屈かもしれませんが）一般の社会機構からはみ出し社会の負担となる恐れのある者は苦痛なく死なせた方が社会のためにも、その人のためにもなるのではないでしょうか？[*8]

　一読すると、障害を原因とした苦痛からの逃避として「安楽死」を肯定しているようにも読めるのだが、重要なのは表層的な文意ではなく、そこに潜在するある種の自己演出的な身振りに目を向けることである。

　文中に〈道徳〉〈倫理〉〈人道〉といった言葉が埋め込まれている点に注目したい。この人物は、〈人間の生命はどんな人間のものでも尊い〉という〈道徳〉や〈倫理〉よりも、〈何も知らない中に苦痛なく死なせる〉という〈人道的〉な配慮が優先されるべきであると主張している。

　「往復書簡」という形態を採っているためか、やや挑発的な語り口になっているこの文章は、おそらく単純に「死にたい」ということを主張しているわけではない。むしろ「安楽死」を厭わないことを表明して見せることで、自分が〈道徳〉〈倫理〉〈人道〉といった高度に概念的な価値観を理解し、〈社会の負担〉をおもんぱかれる〈理性的〉な存在であることを自己演出的に語っているのであろう。

　五〇～六〇年代の『しののめ』誌に寄せられた脳性マヒ者の文章には、社会や家族に負担をかけつつ生きなければならない苦悩がしばしば見受けられるのだが、そのような苦悩の背後には、障害者を「主体的」な人間として扱おうとしない家族への批判が張り付いていることが多い。上記のような「安楽死」肯定論は、「主体的」な存在として見なされない障害者が、生命という唯一の所有物を賭け金にして、自らの「主体性」を誇示しようとした発言として読む方がよいだろう。あるいは前節の議論を受けて整理すれば、ここでの「安楽死」肯定は、自分が「苦しいこと」を伝えるための自己演出的な表現だとも言える。

　この「安楽死」肯定論は、「安楽死を主体的に支持し得る理性的な自分」という形でしか自己の存在意義を語れない障害者の「負の葛藤」の表われとして読むべきであり、この言葉自体が「理性的で主体的な安楽死の意思表明」であるわけではない。

　個人の「意思」とは、必ずしも何か一つの選択肢や価値観を直線的に指し示すものではなく、時には「死にたい」と「生きたい」が混濁しながら共存するように、いくつもの揺らぎを孕んでいるものである。むしろ、その揺らぎの振幅を通じて、自らの存在を認めて欲しいというメッセージが込められている場合もある。

　補足だが、右記の文章を書いたのは、「青い芝」初代会長の山北厚である。六〇年代まで穏健な親睦団体だった「青い芝」は、七〇年代にラディカルな告発・糾弾型の団体へと転生することになるのだが、その一つの契機となったのが横浜市でおきた実母による障害児殺害事件（一九七〇年五月）である。

この事件では、障害児を殺害した母親にだけ同情が集まり、障害児はむしろ愛する母に殺されて幸せだったのだとされ、地域住民による減刑嘆願運動が展開された。それに対し「青い芝」は、「障害児は殺されて当然なのか？」と反発し、減刑嘆願に反対するカンパニアを展開したのである。

この歴史的な運動を提起したのが「青い芝」の象徴的支部「神奈川県連合会」なのだが、山北は当時の同連合会の会長でもあった。この運動の場で、山北は次のように述べている。

いかなる障害児・者であっても人の子として生れて来た以上人間であり、その生命は人間の生命である。ところが、障害のあるわが子を殺した親が無罪になるということは、障害児・者の生命は人間の生命とみなされていない、つまり端的に言えば障害児・者は人間と見られていないということである。*9

「青い芝」の運動が過激であらねばならなかったのは、個々の運動家たちが生きていくために、それまで囚われていた「負の葛藤」を断ち切るための思想的な跳躍を必要とし、そのような跳躍をなすために自らを鼓舞する必要があったからである。〈社会の負担〉にならないように生きることを至上命題として教え込まれてきた障害者が、「社会に負担」をかけてまで生きたいと願う「障害者エゴイズム」の中に、守るべき自己の存在そのものを見出すこと。それが「青い芝」最大の思想的課題であった。

逆に言えば、当時の障害者たちが直面していた「負の葛藤」を断ち切るには、「青い芝」ほどの強烈なエネルギーが必要であったということであり、上記の山北の挑発的な「安楽死」肯定発言の底には、後に「青い芝」を生み出すほどの鬱屈した情念が潜在していたということである。

4 「情念的語り」は線的な営みである[*10]

「尊厳死」という難しく苛酷な判断は、最終的に本人の「自己決定」なるものに帰着せざるを得ないだろう。あるいは、本人の「自己決定」によるものであれば、という限定が付されてこそ、「尊厳死」を心情的に受け入れられるという人が多いのではないか。

「自己決定」とは、正確には「自己」によって下した何らかの「決定」を他者に表明するまでの一連の営みであり、また同時に、その「決定」を自分自身で受け入れていく継続的な営みである。しかし、繰り返し指摘してきたように、生と死の重みを受けた語りは、いくつもの揺らぎと重層的な厚みを有している。

本節では、「自己決定」にまつわる「情念的語り」について、ハンセン病患者に対するいう形で生と死に直結する「優生手術」の問題は、「自己決定」なるものの本質と限界に「優生手術」[*11]の問題を取りあげて考察してみよう。子どもを産む／産まない（産めない）とついて問い直す上で、考えるべき多くの事柄を投げかけてくる。

かつての隔離政策によって心身を傷付けられたハンセン病回復者たちが、「人間」としての自尊心と名誉を取り戻すために「国家賠償請求訴訟」を提訴し、画期的な勝訴判決を勝ち取った（熊本地裁・二〇〇一年五月）。その後に設置された有識者らによる「ハンセン病問題に関する事実検証会議」（以下「検証会議」）によって、ハンセン病療養所の、あるいは隔離政策そのものの闇とも言うべき部分が掘り起こされた。療養所内で患者に施された優生手術も、その一つである。

療養所では、主に「子どもを扶養する手立てがない」「生まれた子供が可哀想」などの理由から、長らく患者に対する優生手術が行われてきた。手術自体は大正期から行なわれていたが、法的な根拠を伴って行なわれるようになったのは「優生保護法」の制定（一九四八年）以降であり、実施件数は一九五〇年代にピークを迎える。ただし、そこには統計上の数字には還元し得ない個々人のドラマが存在していたことは言うまでもない。[*12]

「検証会議」でも、優生手術を経験した当事者への広範な聞き取り調査が行われ、二〇〇五年に公開された「最終報告書」[*13]では、その実態に関する極めて詳細な報告がなされている。同報告書は、熊本地裁判決を受けて、優生手術という人権侵害の被害実態について検証することを企図したものであるが、興味深いことに、その中には優生手術を経験した当事者の語りに少なからぬ戸惑いを覚えた痕跡が窺える。

《園内結婚と優生政策》をめぐる聞き取りで、ある意味で意外であったことは、園内結婚にあたり、自分が、もしくはおつれあいが「断種手術」を受けたという事実を、いわば淡々と語られた入所者が多かったということである。[*14]

療養所内の優生手術の実態調査に訪れた外部者が、当事者の〈意外〉に〈平静〉な語りに戸惑いを覚えることは、それ以前にもあったようである。[*15]しかし、だからといって、彼らや彼女らが優生手術を何事もなく受け入れていたというわけではないだろう。おそらく、そこには「優生手術を受けた患者＝被害者」対「優生手術を施した医療者＝加害者」という単純な二項対立では必ずしも汲み取り切れない、当事者の複雑な心の様相が存在する。
その後、上記の「最終報告書」では踏み込めなかった領域へと、詳細な聞き取り調査によって接近しようとする貴重な研究成果が提出されている。それらの中には、当事者が種々の理由から子どもを産まないという〈主体的な判断に基づく自己決定〉をしていた可能性があり、そこには一義的には解釈し得ない〈被害だけではない語り〉が存在し得ることを綿密で丁寧に検証するものもある。[*16]
療養所という極端に選択肢が限られた状況下において、当事者が迷いや揺らぎの中である種の選択を行なっていった様子を浮かび上がらせる研究は極めて貴重である。しかしながら、迷いや揺らぎを内包しつつなされた選択を指し示す上で、果たして「自己決定」という既存の用語が相応しいかどうかについては多少の疑問も残る。[*17]
当事者が優生手術の経験について〈淡々〉と語って見せたことを〈意外〉と評した「最終報告書」も、また一方で〈「そう思うしかない」という別の理由を伴って語られている〉[*18]点にも注意深く言及しており、当事者の語りの中に何らかの重層的な部分があることを指摘している。では、その〈淡々〉とした語りの深層には何があるのか。
どうやら、ハンセン病患者たちにとって優生手術の経験は、長らく公然と語ることを憚られるナイーブな問題であったようである。戦後最大の患者運動の一つである「らい予防法闘争」（一九五二〜五三年）の中でも、この問題が抵抗すべき中心的な課題として取りあげられた様子はない。*19 長らく優生手術は私的な問題として私的に受け止められ、公的に訴えるべき「人権侵害」としては認識され難かったのであろう。

しかしながら、患者たちにとって優生手術が受け入れがたい苛酷な体験であったことも事実である。少なくとも五〇年代の患者運動という場においては、手術を「人権侵害」として告発する主張は見られないが、文学という自己表現の場においては、手術を施される際に味わう屈辱感や、生命の円環ともいうべきものから切り離されてしまった悲哀感がしばしば登場する。一例を引こう。

慄えて　時計がしがみついている
憎悪に塗られた
一枚のペンキの剥げた壁
みじめな裸体の重なる風景
荒あらしい医師のメスが

嘆き叫ぶザーメン・ストラングを切除した

その悲しい叫喚が
ふと、
反抗の本体のようにも思われたのに……
疲れた裸木のように　夢は虚しく燃焼する

あの湖の　ボートの上の
絵画的な恋を忘れるために
知覚神経を喪つた
孤独の影を引きずつて行こう

ああ　私は
死んだモルモットの虚ろな眼球だ
一九五三・二・一三（傍点は引用者による）[*20]

男性患者に対する優生手術（輸精管切除手術）を詠んだ詩である。〈知覚神経を喪つた／孤独の影を引きずつて行こう〉とは、手術によって自尊心が損なわれた痛みを、心を麻痺させることでやり過ごそうとする表現とでもいえようか。ただし、自尊心の痛みを心の麻痺によってやり過ごすことは、自己卑下の淵へと落ち込むことでもある。自らを〈死んだモルモットの虚ろな眼球〉に喩える最終連は、その淵の深さを思わせる。

しかしながら、その自己卑下の中に、患者運動の現場には出てこなかった〈反抗〉（傍点部）という言葉が含まれている点に注目したい。ただし、その〈反抗〉は、〈荒あらしい〉〈メス〉を持つ〈医師〉へと直線的に向けられるわけではなく、〈本体のようにも思われたのに……〉という言い方にも表われているように複雑な屈折を孕んでいる。

それは、いわば優生手術を施す〈医師〉への〈反抗〉であると同時に、それを卑下的に受け入れなければならない惨めな自分自身（の境遇）への〈反抗〉でもあるのだろう。重ねて言えば、上述の〈モルモット〉という表現も、療養所という医療空間の中で〈モルモット〉同然に扱われていることへの自己卑下と、自分を〈モルモット〉として扱う医療者への反発とが混在しているのであろう。

この詩が描くのは、弱者が見せる自己卑下の中には、時として強者に対する反発が混在することがあるという点であり、自らの心身を切り苛み、その価値を貶めることと、他者に対して〈反抗〉することとが分かちがたく表裏一体となってしまう心の様相である。本来であれば自尊心から発せられる〈反抗〉が、自己卑下と同居してしまう「情念的語り」の一断面と換言してもよい。ここでは卑下と〈反抗〉がない交ぜになっており、〈反抗〉が卑下を揺るがし、卑下が〈反抗〉を噛み殺していく葛藤が見られる。

おそらく、このような葛藤の中で心を麻痺させ、〈反抗〉を噛み殺していった延長線上に、「最終報告書」が指摘したような〈淡々〉とした語りがあるように思われてならない。解決のつかない混濁した感情は、時として「仕方がない」という一言に押し込められてしまうのだが、完全には飲み込み切れない心のわだかまりが、文学作品という抒情表現となって吐き出されるのであろう。

かつてのハンセン病療養所は、医療者と患者の間だけではなく、患者同士の間でも濃密で複雑な人間関係が張り巡らされた特異な小社会であった。先の「最終報告書」にも〈みんながやった〉(から仕方のないこと)という当事者の語りが紹介されているが、[*21] このような言葉からも優生手術が小社会の不文律として受け入れられていたことが窺える。そのような中で、右記のような葛藤を抱えつつ優生手術を受容した(せざるを得なかった)当事者の心の様相は、いかなる言葉で語ればよいのだろうか。

あくまで個人的な見解だが、少なくとも「自己決定」や個人の「意思」という言葉は使いにくい。この言葉では、迷い・自己卑下・反抗・諦めなどの揺らぎを孕みながら、残された選択肢を受容するために自分自身を説得し続けていく継続性の切実さが谷間にこぼれ落ちてしまうからである。

このような継続性を踏まえて、たとえば「自己説得」という言い方を提案してもよいかも知れない。甚だこなれない言葉だが、筆者自身のハンセン病回復者に対する乏しい聞き取り経験に照らし合せても、こちらの方が相対的に違和感は少ない。

「自己決定」という言葉は点的な営みを想起させる。何年何月何日にどのような決定を下したのか、という点である。しかしながら、生と死に関わる重大な決断をせざるを得なかった人間は、常に自分が下した「決定」が誤ったものではないことを自らに言い聞かせ、説得し続けなければならない。すなわち、ある「決定」を線的な営みとして引き受け続けているのである（生と死に「尊厳」なるものが関わるのだとしたら、そのような揺らぎを抱えながら、療養所や隔離政策という過酷な状況を生き延びてきた彼らや彼女らの生にこそふさわしいように思われる）。

もし仮に「自己決定」を前提とした死への意思表明が法制度化されたとして、その制度の中には、線的な揺らぎを揺らぎとして保証し、尊重する余地はあるのだろうか。それとも、そのような揺らぎは「純度」の低い個人の「意思」として（あるいは訴訟などのリスク因子として）排除されてしまうのであろうか。

5　結びにかえて

本章で取りあげた「情念的語り」が発せられた状況は、「尊厳死法案」が想定する「終末期」とはまったく事情が異なる。このような異なる事情について、あえて紙数を費やしたのは、ひとえに「情念的語り」の普遍性や偏在性を伝えたいがためである（「終末期」だからといって「情念」が扱いやすくなるなどという保証はどこにもない）。

言うまでもないことだが、誰もが「情念的語り」を発する立場にも、受けとる立場にもなり得る。発する立場からすれば、潔く死ぬことの「尊厳」ばかりが強調され、迷い・悩み・揺らぎ続けながら生きていくことの「尊厳」が置き去りにされることへの危機感を覚えるのは当然のことだろう。

逆に受けとる立場にも、少なからぬ戸惑いが生じることだろう。現実的な生と死の現場では、「情念的語り」は「解釈」と「寄り添い」の両極を絶え間なく往還しながら対処されているように思われる。言葉によって示された「意思」に対し、その言葉の意味（だけ）

を正確に理解することが「解釈」であるとすれば、発せられた言葉の置かれた文脈や身振りの難解さに立ちすくみ、肯定・否定の感情を混濁させながらも、とにかくかたわらに居続けることが「寄り添い」だと言えるだろう。[*22]

生と死を法という規範によって制度化しようとする流れは、「解釈」と「寄り添い」の葛藤の中で、「その時」の「その人」に対して取り得る選択肢を模索しながら動き続けている介助やケアの現場を、画一的な「解釈」の極へと過剰に傾けてしまうのではないか。繰り返すが、「尊厳死」なるものを法制度化することには、どうしても違和感を拭いきれない（そもそもわからないことが多すぎる）。いま私たちに必要なことは、生の「尊厳」を守るためにも、「解釈」の極に立った瞬間、切り捨てられてしまう違和感を言葉にし続けることではないだろうか。

註

＊1　たとえば、その表示方法が「臓器提供意思表示カード」のような形態を採る可能性も否定できない。

＊2　本節の議論は、拙論「自己表現と〈癒し〉――〈臨生〉芸術への試論」（仲正昌樹編『批評理論と社会理論

＊3 1：アイステーシス』叢書アレテイア13、御茶の水書房、二〇一一年、一二三～一四六頁）の一部を土台とし、加筆・修正したものである。また拙書『生きていく絵――アートが人を〈癒す〉とき』（亜紀書房、二〇一三年）も、併せて参照されたい。

＊4 本節の議論は、拙書『障害と文学――「しののめ」から「青い芝の会」へ』（現代書館、二〇一一年）の第二部をもとに発展させた。

＊5 「尊厳死法案を公表　延命措置しなくても、責任問われず　超党派議連」『朝日新聞』二〇一二年三月二三日、朝刊、三七面。「尊厳死、なぜいま法制化の動き」『北陸中日新聞』二〇一二年三月二九日、朝刊、三〇～三一面。

＊6 「青い芝」の思想については、前掲の拙書『障害と文学』に加え、拙書『差別されてる自覚はあるか――横田弘と「青い芝の会」行動綱領』（現代書館、二〇一七年）も併せて参照されたい。

＊7 日本脳性マヒ者協会「全国青い芝の会」会長　金子和弘「全国青い芝の会は「尊厳死法案提出」に反対し強く抗議をします」二〇一二年二月二九日（DPI日本会議のウェブサイトから閲覧可能）。

＊8 前掲、拙書『障害と文学』一三〇頁以下参照。

＊9 山北厚「人間は生きねばならぬか」『しののめ』四七号「特輯――安楽死をめぐって」、一九六二年四月、二六頁。

＊10 山北厚「生命は生命」『あゆみ』青い芝の会神奈川県連合会会報、一〇号、一九七〇年八月一〇日、二頁。

＊11 本節の議論は、拙書『隔離の文学――ハンセン病療養所の自己表現史』（書肆アルス、二〇一一年）第一〇章の一部を土台とし、加筆・修正したものである。併せて参照されたい。

＊12 「優生手術」という言葉の定義は難しいが、本章では便宜上、「生殖の尊厳に関わる他者からの介入的な手術」を指し示すものとする。より詳細に言えば、「障害（者）や病（者）に対する否定的な価値観に基づいて施された、男性・女性に対する外科的な不妊手術、および妊婦への人工妊娠中絶・堕胎手術」を意味する。「優生手術」の実態に関しては、各療養所によって事情が異なり、場合によっては（決して容易ではないながらも）子供を産み育てることができた事例も存在することは付言しておきたい（その一例を示す研究として、森山一隆・菊池一郎・石井則久「ハンセン病患者から生まれた子供たち――奄美大島における妊娠・

出産・保育・養育のシステムの軌跡」『日本ハンセン病学会雑誌』七八巻三号、二〇〇九年九月、二三一～二五〇頁)。

＊13 財団法人日弁連法務研究財団ハンセン病問題に関する検証会議編『ハンセン病問題に関する検証会議 最終報告書』並びに『(別冊) ハンセン病問題に関する被害実態調査報告』二〇〇五年三月。

＊14 前掲『被害実態調査報告』二三三頁。

＊15 たとえばハンセン病回復者の島田等は、「優生手術」の調査のために療養所を訪れた人々が〈[引用者――入所者が] 断種されたことについて、そんなに腹立たしいという話し方でなく、平静なのは意外なほどだった〉と語ったエピソードを紹介している(島田等遺稿集刊行委員会『花――島田等遺稿集』二〇〇一年、一二九頁)。

＊16 加藤尚子・山本須美子『ハンセン病療養所のエスノグラフィー――「隔離」のなかの結婚と子ども』医療文化社、二〇〇八年、二四五頁。

＊17 「自己決定」という言葉が持つ危険性については (本稿とは主旨は異なるが)、青山陽子「子どもを持つこと――ハンセン病療養所におけるタブー」(『現代社会理論研究』一五号、二〇〇五年、三二五～三三五頁) でも指摘されている。

＊18 前掲『被害実態調査報告』八二頁。

＊19 ただし、「らい予防法」が改定される際に参考意見として持ちあがった「家族断種」(患者の家族への「優生手術」) に対する反対の声はあげられている。

＊20 北原紀夫 (多磨全生園)「廃者の領域2　モルモットの眼」(四～八連部分)『石器』国立ハンセン病療養所詩人連盟、二号、一九五三年一二月、三～四頁。

＊21 前掲『被害実態調査報告』二三三頁。

＊22 個人の「意思」は間違いなく真摯に「解釈」され、尊重されねばならないが、だからといって表層的な言葉の意味だけを「解釈」し切ることが最善だとは必ずしも言えない。

「わかりやすさ」への苛立ち

わかりやすく言葉にできないこと。簡潔にはまとめられないこと。そうした事柄が尊重されない状況になっているように思う。前々からこうした息苦しさを覚えてはいたけれど、二〇一六年の「相模原障害者施設殺傷事件」（以下「相模原事件」）が起きてからは、特に耐えがたく痛感している。

この事件は、いくつかの点で異様だった。容疑者の主張に同調する言葉がソーシャルメディアに溢れたこともその一つだ。「障害者は生きる意味がない」といった主張に対し、積極的な賛同から「わからなくもない」といった肯定まで、容疑者の身勝手な価値観を是認する言葉があふれたこと、またあふれたという事実に社会が大きな痛痒《つうよう》を感じていないということを、どのように受け止めればよいのだろう。

もちろん、こうした見解に反論する言葉も粘り強く発せられている。中には障害者本人や、障害者と共に生活する人たちからの訴えもある。しかし、そうした切実な声に対してさえ、心ない誹謗中傷がまとわりつく。「ある人たちが生きることを肯定する」という、ただそれだけのことにさえ批判が寄せられるような時代状況を、いま私たちは生きている。

以前、「相模原事件」を考えるイベントに出演した際、私が勤める大学の学生が数名参加してくれた。終演後、そのうちの一人が某局の取材を受けていた。慣れないTVカメラに動揺したのかも知れない。彼は意図せずこぼした自分の言葉に落ち込み、後日、その胸の内を正直に知らせてくれた。「取材を受けて『自分も障害のある弟を抱えていて、この事件について無関心ではいられなかった』と応えたけど、弟のことを『抱えていて』と、まるで厄介な荷物のように表現してしまったことに落ち込みました。」

私はこの学生を知る者として、彼が弟を想う気持ちの誠実さを疑わない。その彼が思わず「抱えていて」という表現を用いてしまったことにも、私が覚える不気味な閉塞感が関係しているように思えてならない。障害者と共に生きることに、何らかの制約や気苦労が生じることは現実問題として多い。決して「キレイごと」では済まないこともあるが、「キレイごとでは済まないこと」が当人たちの不幸に直結するわけではない。障害者と共に生きる日常は、困難でありながらも充実していたり、苦しいなかにも笑いがあったり、傍目には大変そうに見えて当人たちは意外に普通だったりと、十人十色、様々な振り幅がある。

もし仮に、その振り幅の両極を「困難」と「充実」で区切ってみたとしても、この二つの感情の間には、どんな接続詞でも繋げられない含みがある。「困難だが充実（充実だが困難）」でも「困難だから充実（充実だから困難）」でも「困難および充実（充実および困難）」でもなく、またこれらのいずれでもあり得るような、複雑で豊饒な生活の実態がそこにある。

言葉は「誰かにわかってもらいたい」という気持ちが先走ると、どうしてもある側面のみが強調されてしまう。「困難」の面が強調されれば悲劇の物語となり、「充実」の面が切り出されれば感動の物語になる。「わかってもらおう」として、「わかりやすい」言葉を重ねれば重ねるほど、単色の物語にはなり得ない生活実感からかけ離れていくもどかしさがある。人にとって大切なものは、往々にして複雑な経緯や割り切れぬ事情を抱えている。それを「わかりやすく」説明するのは、服に合わせて身を切るような痛みが伴う。先の学生の口から出た「抱えていて」という一語も、弟と共に生きる日常の奥行きを「わかりやすく、わかってもらわねばならない」という焦燥感からこぼれ出たのではないだろうか。

障害者であろうと誰であろうと、「その人が生きる意味」を簡潔に説明することなどできない。それは「生きる意味」がないから説明できないのではなく、「生きる意味」も、

「生きてきたことの意味」も、短い言葉で説明し切れるような浅薄なものではないから説明できないのだ（「自分が生きる意味」を簡潔に説明できる者だけが生きていけるとしたら、果たして、どれだけの人が生きる資格を得られるのだろう）。

どれだけ大切なものを削り落としていようとも、社会は「わかりやすい言葉」を重宝する。SNSの制限字数に収まるもの。時間の尺に収まるもの。興味のない人にも読んでもらえるもの。メディアには「わかりやすく説明できないもの」の居場所は少なく、「存在しないもの」として扱われてしまう。「相模原事件」について、いくつかの媒体で筆を執ってきたけれど、ずっと言い様のない恐怖を感じてきた。もしも「障害者が生きる意味」について安易に語り、それが「わかりやすくない」とされたら、「障害者が生きる意味」が存在しないものとして扱われてしまうのではないか、という恐怖だ。

時折、まったく割に合わないレートで競わされているような理不尽さを覚えて、ひどい徒労感にうちひしがれることがある。そもそも、どれだけ言葉を費やしても表現できない大切なものを、「わかりやすさ」の鑢《やすり》にかけてまで、私たちは一体、誰に何をわかってもらえばいいのだろう。

それでも「相模原事件」が現実に起きてしまったいま、「わかりやすく語り得ぬもの」について、言葉を綴ることを諦めるわけにはいかない。「言葉を信じる」とは、その言葉を受け止める人がいると信じること。たとえぎこちない言葉になったとしても、その余白を埋めてくれる誰かがいると信じること。自分の言葉に自分の心を痛めたあの学生は、言葉への真摯な責任感と繊細な感受性を備えている。そうした人がいる限り、言葉を綴ることに絶望するわけにはいかない。

2　自覚なき悪意に息をうばわれる前に

生命と尊厳のために怒れるか

「相模原障害者施設殺傷事件」から一年が経った頃からだろうか。事件そのものに対する嫌悪感とは別に、言いようのない違和感がわだかまり出したように思う。

その間、自分なりに事件をめぐる「言葉」を追いかけてきた。各地で犠牲者への追悼集会が開かれ、癒し得ない「悲しみ」が分かち合われた。残忍な犯行への「恐怖」が吐露された。識者からは、事件がもたらす影響（精神障害者に対する偏見・差別が煽られること）への「憂慮」や「懸念」が繰り返し示された。この事件に関心を持つ人は、概して、誠実で冷静な言葉を積み重ねてきた。ただ、「怒り」の言葉だけが少なかったように思えてならない。

「怒り」が顕在化しないのには、いくつか理由が考えられる。被害者の顔が見えない異例の匿名報道のために、個々の痛みへの共感が妨げられたこともあるだろう。想像を絶する犯行のために、「怒り」よりも「おぞましさ」が先に立ったということもあるだろう。しかし最大の理由は、この事件が「他人事」（障害者施設という遠い世界で異常な人間が起こした例外的な事件）として受け止められていることにあるように思えてならない。事実、この事件を追う人たち（報道関係者や障害者団体関係者）の口からは、一年も経たずして、事件の「風化」を危惧する言葉が漏れはじめていた。

もちろん、この事件に怒りを覚えた人はいるだろう。ただ、ここで言いたいのは「自分勝手な理屈を振り回して凶行に及んだ者への怒り」ではなく、「障害者の生命と尊厳が傷つけられたことへの怒り」だ。自分勝手な理屈を振り回す者が怒りを買うことは珍しいことではない。それよりも私が気になるのは、「この社会は誰かの生命や尊厳のために怒ることができるのか」という問題だ。

被害に遭われた関係者や、障害者の社会参加を求めて闘ってきた当事者団体は「障害者の生命と尊厳が傷つけられたこと」に対して、まっとうな「怒り」を表明してきた。ただ、それが社会に広く染みているとは言いがたい。社会全体で事件と向き合おうとする熱量のようなものも上がっていない。そこに、もどかしさを覚える。

思うに、いまの社会には「怒り」を託す言葉が少ないのかもしれない。障害者問題に関して言えば、この十数年で「障害者と仲良くするための言葉」は増えた（例えば「みんな違ってみんないい」など）。「障害を肯定的に捉える言葉」も多様になった（「障害は個性だ」など）。しかし、「障害者の尊厳が傷つけられた時に怒る言葉」は増えていない。果たして私たちは、「障害者の生命と尊厳」が傷つけられた時、とっさに発せられる言葉をもっているだろうか。そこが問われなければならない。

たとえ柔らかな言葉で接していても、その者のために怒らないのであれば、真の意味での共生ではない。理不尽に奪われた生命があるにもかかわらず、それに対して怒らないのであれば、「理不尽に奪われても怒らなくてよい生命」が存在することを認めることになる。そもそも「障害者の生命と尊厳」は、傷つけられても「怒り」に値しないものなのか。私たちが次の世代に引き継ぎたい社会とは、そんな価値観を持った社会なのか。

それでも、やはり「怒りたい人」たちはそれなりに潜在しているようだ。そう思える現象がある。

事件後、横田弘（一九三三〜二〇一三年）の『障害者殺しの思想』（初版＝JCA出版、一九八〇年／増補新装版＝現代書館、二〇一五年）という本が注目を集めた。かつて、この社会で起きた「障害者殺し」に対して、正面から怒りをぶつけた名著だ。横田は「日本脳性マヒ者協会 青い芝の会神奈川県連合会」に属した伝説的な障害者運動家。私なりに紹介すれば

「障害者差別に対して史上最も熱く怒った人物」だ。横田の主張は単純だった。「障害者を殺すな」「排除するな」。ただ、それだけのことを伝えるために、彼は全身全霊で怒り続けた。

横田が運動をはじめた頃、障害者は街に出ること自体が「闘い」だった。障害者が一人いるだけで、街の空気が凍りついた（その様子を知りたい人は原一男監督の映画『さようならCP』を観てほしい）、「冷たい目」と「冷たい空気」を不自由な身体で受け止めながら、横田らは街に出続けた。彼らには信念があった。障害者が人目に触れ、街行く人と接することが、いずれ障害者に非寛容的な街を変えるという信念だ。

私は障害者運動史を研究する者の一人であるが、マジョリティ（多数派）が自ら問題を察し、進んでマイノリティ（少数派）の尊厳や権利を守ろうとした事例というのは思いつかない。マイノリティの尊厳や権利は、常にマイノリティ側から発された問題提起に応じるかたちで認められてきた。その意味では、横田は日本ではじめて「障害者の立場から身体を張って問題を提起した人物」の一人だ。

現在、私たちは街で障害者を見かけても、空気が凍るような場面に出くわすことは少なくなった。ただ、それは街行く人が優しくなったからというわけではなく、過去に身体を張って街に出て、人々の感覚を耕してきた者たちがいたからだ。横田らの運動は、数十年後の私たちの生活感覚を耕した。「障害者が（と）街にいる」という感覚だ。

相模原事件後に横田の本が求められたのは、「怒り」へのヒントを欲した人たちがいたからだろう。横田が怒った理由は単純明快だった。「一緒に生きたい」からだった。そんな横田に学ぶのであれば、いま、この事件について、どんな言葉を積み重ねるかが数十年後の生活感覚を決めることになる。だとしたら、本当に怒らなくてよいのか。横田と接したことのある者として、自戒の念を込めて思う。「傷つけられた生命と尊厳」のために怒らなくてよいのか。

「殺意」の底を見据えること

二〇一六年に起きた「相模原障害者施設殺傷事件」について考える時、「あの人だったらどう考えるだろうか」と思う人が数名いる。その一人が「日本脳性マヒ者協会 青い芝の会神奈川県連合会」の横田弘だ。障害者の幸・不幸を一方的に決めつける社会の価値観を「健全者エゴイズム」として批判した、障害者運動の伝説的な闘士だ。

二〇一五年に復刊された横田の主著『障害者殺しの思想』が、事件後に注目を集めた。文字通り「障害者殺し」を糾弾した、一九八〇年代における障害者運動の「教科書」だ。事件に寄せられた批判的見解にもこの本の影響が明らかなものがあり、横田の主張がいまなお古びていないことに驚いている。しかし、それは決して悦ばしいことではない。この本が「古びていない」という事実そのものが、横田弘にとって最も望ましくないことだろうからだ。

学生時代から時折、横田に会って話を聞き、彼の思想について拙い文章を書いてきた。*1 横田が亡くなる直前にも、ある話題について話し合った。ヘイトスピーチと生活保護バッシングについてだった。横田はこれらのことを本当に怖がっていた。人間の生命に関わることへの想像力が根本から変質してきている。そのことを危惧していた。

横田たちの活動は、言動が過激だとして多くの人から忌避された。しかし、横田からすれば、それを過激と受け取るのは「健全者」側の論理なのであって、自分たちは障害者が殺されないために必要なことをしただけだ、ということになる。

横田は「健全者」が持つ無自覚な差別意識に対して怒っていた。怒ってはいたが、「憎悪」はなかった。「怒り」とは相手が存在することを認め、自分と相手が繋がっていることを前提とした感情だ（そもそも障害者は、身体が自由に動く者の介助がなければ生きられない）。だから「怒り」には葛藤がある。横田はまさに葛藤の人だった。しかし、「憎悪」とは相手が存在すること自体を拒絶する感情だ。「憎悪」に葛藤はない。

近年、世間にあふれる言動には、明らかな「憎悪」が混じりつつある。葛藤らしい葛藤もなく、他人の生死に関わる領域へと踏み込んでくる。しかも、その「憎悪」が少なからず変質してきている。変な言い方だが、「小粒」になっているように思えるのだ。「憎悪」

とは、歴史や縁（地縁・血縁・因縁）に根を持ち、否定的な意味で「よく知る相手」へと向けられる感情のはずであるが、件の言動に混じるのは「よく知らない相手」や「少しは知っているけれど、それ以上知ろうとは思わない相手」に向けて、その場の感情や空気感に合わせて発光するような「憎悪」だ。

そして、そんな「憎悪」の背後には、往々にして「正義」を背負った大きな主語がある。「日本（人）」「国民」「市民」「社会（人）」等々といった大きな主語で、小さな相手と対峙しようとする。事件の犯人が衆院議長に宛てたという手紙も、「日本国」「世界」「全人類」と同化した犯人が「障害者」と対峙するという形になっている。自分が無媒介に大きな主語に溶け込む時、その言動が誰かの生命や尊厳を損ないかねないという想像力は働かなくなる。

少し言葉を継げば、この手紙内の「安楽死」という言葉の使われ方も気になってならない。一読してナチスを彷彿とさせるが、この言葉は六〇〜七〇年代の日本でも、「死期を控えた末期患者に対して、苦痛からの解放を目的として行う処置」という意味だけでなく、「家族や社会の負担となり生きる喜びも味わえない者（特に重度障害者）を「安楽」のうちに死に至らしめること」という意味で、しばしば用いられていた。[*2] 当の手紙でもほぼ同様の意味合いを含んでおり、半世紀前の亡霊が現れたかのようだ。

ためらいも葛藤も呵責もなく、人が人を憎悪できる心理的な機制は確実に低下してきている。こういった機制を摩耗させるのは、歴史的大事件というよりは、むしろ人々の日常的で習慣的な言動の蓄積なのではないか。身近で小さな「憎悪」の蓄積によって機制が低下した社会に、絶大な憎悪表現（行動）が生じたように思われてならない。

横田弘は、「障害者は隣近所で生きなければならない」と言っていた（「地域」という言葉はあまり好きではなかった。障害者が排除されるのは抽象的な「地域」ではなく、具体的な「隣近所」だからだろう）。これは私なりに注釈すると「障害者は、目に見えて、声が聞こえる距離で生きなければならない」ということだ。おそらく、横田は障害者に対する社会全体の想像力を気にしていたのだと思う。障害者が身近にいない社会では、障害者への想像力が希薄になる。いま目の前にいる障害者はどんな人で、どんな経歴を持ち、どんな趣味があり、何が得意で、何が好きで、何が嫌いなのか。自分たちと同じところはどこで、違うところはどこか。そんな単純な想像力が働かなくなる。

逆に、障害者にとっても、様々な人たちが混在している社会の中で生きなければ、「自分とは何者か」「自分と社会はどのような関係にあるか」について考える機会を失う。「障害者が遠い社会」や「障害者にとって遠い社会」では、障害者の「声」が聞こえなくなる。

本人たちも「声」を上げられなくなり、社会の側も聞き取る聴力を失う。障害者について語る言葉も、障害者と語らう言葉も貧困になる。言葉が貧困なところに想像力は育まれない。だから横田は、障害者は周囲の人々と軋轢を起こしながら（起こしてでも）生きなければならないと言っていた。小さないさかいは、相手と言葉を交わし、相手が何者なのかを考える契機になる。横田が「闘争」という言葉に「ふれあい」というルビを振ったことは有名なエピソードだ。

余談だが、以前非常勤講師をしていた大学で、精神科病院の中の芸術活動を追ったドキュメンタリーを扱ったところ、「この人たちもタバコを吸うんですね」「性欲とかもあるのでしょうか」といった主旨の感想が寄せられたことがある。明白な悪意があるわけではなく、ただ単に「想像力の範囲外のものを見た」といった書きぶりだったが、私としては身体の一部をえぐられたような思いがした。そこに映っていたのは、「普通」の人たちと同じように家庭や職場で困りごとを抱えて苦しむ人たちだったからであり、またなにより も、私の大切な友人・恩人たちだったからだ。

人間の「尊厳」とは、手にとって重さや硬さを確かめられるようなものではない。一人ひとりの想像力にゆだねられる。社会の構成員の想像力の総和が重要になる。ある特定の人たちへの想像力が欠如した社会では、その人たちの「尊厳」も目減りする。それは端的に言って差別であり、許してはならない。「憎悪」は「尊厳」を損なうが、同時に、損なわれた「尊厳」を標的とするからである。

身近な「憎悪」に抗し、摩耗した機制のこれ以上の損壊を避けるために、異なる身体的事情を抱えた者たちとの結び目を、私たちの「隣近所」に作らなければならない。日常的な生活の中で、想像力の種となる言葉を一つ一つ積み重ねていかねばならない——と、単純な「障害者差別事件」であれば、ここで章を終われるのだが、今回の事件の陰鬱なところは、ここから先を考えなければならないところだ。

そもそも、障害者への「憎悪」を抱くことと、一九人もの人間を殺め、二七人もの身心に深い傷を負わせるという行動を起こすこととは、まったく次元が異なる。犯人が障害者への殺意を、時間的にも熱量的にも維持し続けることができたのはなぜか。事件が起きた施設の元職員として入居者たちと接した経験を持つ者が、接していたはずの個々人に対して憎悪をつのらせ、実際に凶刃を振るうことができたのはなぜか。「薬物使用歴」が大々的に報じられていたが、それが本当に、どれだけ影響していたのかはわからない。わからないまま「措置入院歴」という部分だけが拡大され、制度の見直しについても言及された。精神科医療を利用した経験を持つ人たちが、貧困な想像力のもとに、更なる排除を被るのではないかと危惧している。

横田が運動家になった直接の契機は、いまから約五〇年前に起きた「障害児殺し事件」だった。以来、横田は障害者を排除する社会のあり方を痛烈に批判し続けてきたが、同時に、障害者を殺めた一個人の殺意の底にあるもの（横田なりの表現をすると「炎群《ほむら》」）を見据えなければならないとも言っていた。本事件について、犯人の殺意の底に何があったのかを凝視することは大変な苦痛をともなう。激しい「炎群」を見据えることは、結果的に、その「炎群」を焚きつけた社会のあり方や、ひいては、私たち自身の障害者に対する考え方を問い返すことになるだろうからだ。

*

二〇二〇年三月、被告人に死刑判決が下され、この事件の公判が終了した。命を奪われた被害者一九人よりも少ない一六回の公判だった。「裁判員裁判」という制度の問題もあったのだろう。異様なスピードで進んだ審議は、報道を追いかけるだけでも容易でなかった。

あの裁判では、本当に審議が尽くされたのだろうか。私たちは何を得られたのだろうか。様々な事情を抱えた人々との共生社会を作り上げていくために、「何をすべきか（すべきでないか)」という教訓を得られたのだろうか。

「消化不良」という言葉では言い切れない、不気味な後味の悪さを覚えている。

註

＊1 拙書『障害と文学——「しののめ」から「青い芝の会」へ』現代書館、二〇一一年。拙稿「戦後障害者運動史再考——「青い芝の会」の行動綱領についてのノート(上・下)」『季刊 福祉労働』一三五—一三六号、二〇一二年。拙書『差別されてる自覚はあるか——横田弘と「青い芝の会」行動綱領』現代書館、二〇一七年。

＊2 前掲『障害と文学』第四章参照。

憲法の断層

実存に響く言葉を求めて

1　はじめに

日本の社会運動史の中で、「日本国憲法」は極めて重要な存在である。この憲法があったからこそ、「病者」や「障害者」に限らず、多くの社会的弱者たちが声を上げることができた。しかし、少し立ち止まって考えてみたい。この燦然と輝く民主的な憲法にも「谷間」はあるのだろうか——。

「相模原障害者施設殺傷事件」の発生後、にわかに注目を集めた横田弘の『障害者殺しの思想』は、一九七九年にＪＣＡ出版から刊行された。同じく「青い芝」で活動した運動家・横塚晃一（一九三五～一九七八年）の『母よ！殺すな』[*1]と共に、当時の障害者運動に関わる人々に多大な影響を与えた。長らく絶版となっており、手に取ること自体が難しかったが、横田の死後、現代書館より増補新装版として復刊された。

『障害者殺しの思想』は、一九七四年に刊行された『炎群——障害者殺しの思想』（しののめ発行所）の増補改訂版であり、収録されている論考は一九七〇年から横田が関わってきた運動に基づいたものである。おおよそ半世紀近く前の障害者運動について記された本であり、増補新装版の版元である現代書館にもオリジナル版の保存がなく、横田の思想を追いかけてきた古本好きの筆者の手元にある一冊を底本にして復刊がなされた。つまり、一部の関係者を除けばほとんど忘れかけられていた一冊が、戦後最大の死者数（発生時）を出した凄惨な事件を機に再注目されたのである。

事件後、犯人による露骨な「優生思想」的発言が物議を醸した。確かに、「青い芝」は最も先鋭的に「優生思想」と切り結んできた団体であり、その思想的な土台を形成したのも横田・横塚らであった。そのこともあって、この事件について考えるための糸口を、「障害者殺し」を論じた原点であり原典であるところの本書に求めた人が一定数いたということは、故ないことではないだろう。

しかしながら、当の横田からしてみれば、自身の主著が今更、しかもこのような形で注目を集めることは忸怩《じくじ》たる思いだろう。横田たちが「障害者を殺すな！」と怒り叫んでから約半世紀という時間を経て、なおもこの社会の中で「相模原事件」が起きてしまったという事実を、まずは厳粛に受け止めなければならない。また横田を追いかけてきた者として、事件後に参照し得る本が存在することを肯定的に捉えるべきか、参照し得る本がいまなお横田弘であることを否定的に捉えるべきか、極めて複雑な思いでいる。

横田たちが立ち上がった当時、障害者差別は、そもそも「それが差別である」こと自体が社会的に認識されていなかった（更に言えば、障害者自身も、我が身の苦痛が「差別」に起因するものであると認識していなかった）。障害者を否定する価値観に溢れ、生きにくさに窒息するような社会の中で怒りを爆発させたのが七〇年代の運動であったとすれば、それを受け継ぐ八〇年代の運動は――「完全参加と平等」を掲げた「国際障害者年」（一九八一年）という「外圧」[*2]の追い風も受け――、実際に街の中で「自立生活」するための石垣を一つ一つ積み上げていくような形で進展していった。

こんにち、重度障害者たちが地域で生きていくための制度や参照できるモデルケースが存在するのは、これらの粘り強い運動の成果である。それを忘れてはならないのであるが、また一方で、生前の横田は曲がりなりにも「生きていける」ことによって、個々の障害者たちの中で「虐げられる」ことへの危機感や反抗心が薄まっていく懸念をしばしばこぼしていた。

横田は、自分たちの運動が次世代に継承されていないのではないかという危機感を抱いていた。しかし、一歩引いた地点から状況を捉え直せば、横田たちの運動が断絶したわけではないことも見えてくる。横田の地元である神奈川県の試みを一つあげてみれば、「県民のいのちとくらしを守る共同行動委員会」(略称「いのくら」)などの活動によって、その水脈は確実に受け継がれている。息の長い運動は、姿を変えて途絶してしまうことと、姿を変えても受け継がれていることがある。「運動史」は、その両面を丁寧に見極めなければならない。

「青い芝」の流れを受け継ぐ尾上浩二(DPI日本会議)は、〈すごく醒めた見方〉かもしれないことを断った上で、七〇年代に障害者運動が盛り上がっていた時期にも運動家の数自体はそれほど多かったわけではなく、いつの時代にもそういった運動家の人数が顕著に増えるということも考えにくいという主旨の発言をしている。[*3] その上で尾上は、〈日本の障害者運動の強みって、なにか高邁な理想をもっている人間だけが社会運動をするのではないということを、理念としてだけでなく実態として示したところにある〉と指摘する。

実際、当時の運動家たちが闘争へと関わりはじめた動機は、往々にしてきわめて日常的で俗なもの――街に買い物に行きたいからバスに乗りたい、恋人と暮らしたいから親元から出たい等々――であった（当の横田の原点も「女の子」だった）。[*4]
「障害があるから」というだけの理由で、そういった「当たり前」の欲求を阻害されることへの怒りが障害者運動の動機であったという点は、特筆すべきだろう。「青い芝の会　神奈川県連合会」の婦人部で活動した内田みどりも〈運動とは、決して特別な人々が行うものではない。しいて言うなら、最も平凡な人間が、平凡に生きていたいと願った時の願いの姿なのだ〉と記している。[*5]
日本の障害者運動は、七〇年代の過激さばかりに注目が集まる傾向があるのだが、むしろ、その後も長く受け継がれ、今なお受け継がれているという「しぶとさ」にこそ最大の特徴がある。横田が抱いた危機感を杞憂だとは言い切れない。しかし、希望の灯が途絶えたわけでは決してない。

2　憲法が実存に響いた時代

「青い芝」の闘志たちが咆吼した七〇年代の運動は、半ば神秘化・神話化されて語られることがある。当時の運動が投げかけた問題がそれだけ大きく、そのような問題と向き合った人々が熱くかつ真摯であったことは否定しない。ただ、当時の運動がそれ以前・それ以後とどのような点で連続しており、どのような点で断絶していたのかという点は、冷静に書きとどめておく必要がある。

当の横田弘も、前世代から受け継がなかったものがある。横田が前世代から受け継がなかった最大の要素は、日本国憲法への信頼である。なお、本節および次節で書くことは、拙書『差別されてる自覚はあるか』第九章と重なる点が多いので、詳しくはそちらを参照してほしい。

「青い芝」という団体を、戦後の障害者運動史という観点から捉えなおすと、一つの特徴として「日本国憲法に対して距離を置いた団体だった」という点があげられる。もちろん、「青い芝」は数々の個性的な運動家たちによって担われた運動体であり、全国各地の支部による連合制を採用しているので、一概にこのように言うことは乱暴かもしれない（私見では、日本の障害者運動は「組織単位」よりも「個性単位」で捉えた方が物事を正確に把握しやすい）。しかし後述するように、ある面では確実にこのように指摘することもできる。

戦後の障害者運動の流れを、仮に横田弘たちの登場までに区切って概略すると、おおむね以下のようになる。[*6] 四〇年代後半から五〇年代に国立療養所に入居していた患者たち（主として結核やハンセン病）が人権回復を叫びはじめ、五〇年代後半から六〇年代になると各種障害者の「親の会」が結成され、障害者収容施設の拡充や福祉予算の充実を求めた活動を展開するようになり、前後して高度経済成長の弊害とも言うべき公害病の問題が顕在化し、七〇年代に至って脳性マヒなど全身性の身体障害者たちによる差別糾弾闘争がはじまる。*7

草創期の障害者運動が療養所（特に国立）を舞台とした背景には、同じ困難を抱えた者たちが物理的に近接しており連帯しやすかったという点や、療養者に対して時に強権的に振る舞う職員が「公務員」であり、患者たちにとって「国家権力」との闘争という構図が意識しやすかったという点などが考えられるだろう（「在宅」で個々に分断されていた身体障害者たちが連帯しはじめるのは、それこそ「青い芝」の登場まで待たねばならない*8）。

戦前から戦中にかけて無権利状態に置かれていた患者たちが、人権回復を主張するに至るには、様々な要因が複合的に作用していたはずである。日本国憲法の施行によって多くの患者が参政権を手にすることになり、大勢の患者が住まう療養所が一つの票田となったという外的な要因も大きいだろう。もちろん、「基本的人権の尊重」や「法の下の平等」といった理念が、患者の生きる意欲を内側から掻き立てたという要因も大きかったはずである。特に軍国主義の空気感を経験した障害者たちにとって、これらの理念は光り輝いて見えたことだろう。*9

五〇〜六〇年代における障害者運動は、間違いなく日本国憲法に支えられていた。「日患同盟」が支援した「朝日訴訟」（一九五七年提訴）も、ハンセン病患者たちによる「らい予防法闘争」（一九五三年）も、あるいは公害病患者たちの闘争（例えば水俣病患者たちの闘い）も、憲法の支えがなければ起こり得なかった。

運動の戦略的な次元だけでなく、個々の運動家の内面的な次元においても、憲法の影響力は絶大であった。水俣病患者であり、「訴訟派」の代表であった渡辺栄蔵は、裁判闘争提訴の日に〈今日、ただ今から国家権力と相対することになったのであります〉[*10]と発言している。財力も権力も持たない一人の漁民が〈国家権力と相対する〉と宣言できる背景には、日本国憲法こそが最高法規であり、自分たちがその主権者であることへの自負心が存在したはずである。

障害者たちにとって、憲法の理念のために怒り闘うことと、自己の尊厳のために怒り闘うこととが一致していた時代――つまり日本国憲法が「実存に響く言葉」であった時代――が確かに存在したのである。[*11]

「青い芝」も、当初は日本国憲法を強く意識した団体だった。しばしば指摘されるところだが、過激な差別糾弾闘争で知られた同会も、草創期は「東京市立光明学校」（現・東京都立光明学園）の卒業生たちによる同窓会であり、穏健な親睦団体だった。[*12]

一九五九年一一月に開催された同会の第二回大会の決議文には次のようにある。

こゝにおいて、重度障害者の多い脳性マヒ者の団体「青い芝の会」会員である我々は、自からの手によつて脳性マヒ者の施設の設立、職業分野の開拓等を行なわんとすると共に、全国推定二十万の脳性マヒ者を代表し、且つ我国国民として我国憲法第十三条、第二十五条併びに第二十七条の諸権利を主張し、脳性マヒ者の実状を世上に訴え、併せその施策の早急なる実施を政府及び関係機関に強く要求するものである。*13

この決議文の論調は、同時期に障害者の権利擁護を訴えた団体の会報などに見られるものと大きな違いはない。脳性マヒ者たちが、脳性マヒ者のための団体を結成したことは画期的な出来事ではあったが、文面から読み取れる主張の傾向自体は決して例外的なものではない。憲法の理念を実現していくという運動理念は、当時の障害者団体にとっては王道であり、かつ唯一の道であったと言えるだろう。

3　憲法の「谷間」に置かれた人々

「青い芝」の運動理念は、一九七三年一〇月に開催された「第一回全国代表者大会」で大きく転換することになる。その象徴的な出来事が同会の規約改定だった。この場で、「青い芝」はそれまで使われてきた規約（会則）を改定したのだが、その際、日本国憲法に言及した第三条が特に大きく変更されたのである。第三条変更の趣旨を説明する改革委員・磯部真教の説明を引用しよう。

> あのね、まず第一次規約の第三条が、まるっきり変わったということです。前の、いわゆる現行規約はですね、第三条のところで、①本会員の親睦をはかり、日本国憲法に掲げられている、労働権、教育権、勤労権を基本として、脳性マヒ者の福祉並びに社会的向上をはかることだという書き方をしているところを、改正案では、②この会の目的は「本来あってはならない存在」として扱われている脳性マヒ者の実状を十分ふまえて非人間的な差別と偏見と闘い、生活と権利、社会的地位の向上を図るために必要な、あらゆる問題と要求をとりあげ、社会全体の問題との結合の中で、運動をすすめる、というふうにまるっきり書きかえてあります。これは、ここ１・２年の神奈川、

大阪あるいはその他のところの運動の反映で、こういう形になったということです（傍線は引用者による）。*[14]

改正前の第三条（傍線部①）は、先に引用した第二回大会の決議文の内容とほとんど変わらないものであったのに対し、改正後（傍線部②）では憲法についての言及が削除され、代わりに〈「本来あってはならない存在」として扱われている脳性マヒ者の実状を十分ふまえて非人間的な差別と偏見と闘い〉という表現に変更されている。〈本来あってはならない存在〉というのは、「青い芝」の「行動綱領」第一項に登場する有名なフレーズである。*[15] つまり、日本国憲法を根拠に福祉の向上を要求していく親睦団体だった「青い芝」が、これを機に、社会に対して自分たちの強烈な自己主張を突きつけていく運動団体へと転換したことがうかがえるのである。

果たして、「青い芝」にとって憲法とはどのような存在だったのか。少なくとも、横田弘の眼には憲法がどのようなものとして映っていたのか。生前の横田弘は、筆者からの質問に対して以下のように応えている。*[16]

憲法は、その国の状況で、その国の権力者が作ったものでしょう。いかに国民を統治するかという考え方で作られている。憲法をつくった人も健全者。
憲法っていうのは、社会の常識でしょう。（一四条の「法の下の平等」について）そんなものがない。殺されている障害者には、無力、何にもない。

憲法に対する横田の冷徹な視線がうかがえる証言である。脳性マヒ者のことなど誰も守ってくれない。守ってくれないのであれば自らが主張するしかないという、絶望を反転させた生への執着こそが横田哲学の基軸であった。この横田の憲法観に対して、先に紹介した尾上浩二も、筆者との対談の中で次のように語っている。

横田さん、横塚さんにならえば、戦後民主主義の中で高度経済成長の豊かな繁栄がもたらされたんだけれど、そこから疎外され差別されてきたのが自分たちだ、ということだと思うんですね。重度障害者がおむつを替えるのに腰を動かすこと自体が「労働」として認められるような社会にならなければ、我々の解放なんてあり得ないんだ、と。今でこそ戦後の民主主義がどの程度のものであり、高度成長の豊かさがその裏側でどれだけの影を生み出したのかというのは、いろんな人たちが指摘していますけど、そのまっただ中でわが身をもってそれを提起していた立場からすると、戦後の近代化の限界を肌で感じていたんだと思います。

もう少し言えば、それこそフランス革命にはじまる「自由」や「平等」というのは、結局その当時の「有産」の「男性」の「健全」の人たちをモデルにしてきたものが広まってきたわけですよね。それをベースにしていろいろなもの、例えば普通選挙ということで財産による制限がなくなったり、女性の参政権が加わったりしてきた。それで「合理的配慮」ということで障害者もそこに付け加えられてきた、という歴史からすれば、横田さんたちが日本国憲法に代表される戦後民主主義に期待していなかったというのは、ぼくはそこのところはあながち違和感ないですよ。むしろ、戦後の「民主主義」や「教育権の保障」ということで養護学校義務化も進められたとも言えるわけですから。[*17]

生前の横田は、「青い芝」の運動と、それ以外の患者運動の違いについて、次のように話していた。つまり、結核患者もハンセン病患者も水俣病患者も「環境が良ければ健全者」だったわけであり、「目に見える敵」がいる。そのような形で虐げられた人たちは、憲法を盾にして堂々と闘えばよい。しかし、脳性マヒ者には「目に見える敵」がいない。そのような障害者にとって憲法をよりどころにしようとすれば、第一四条の「法の下の平等」くらいだが、そこにも「障害（者）」という文言はない。国からすれば、障害者、特に脳性マヒ者が生きていること自体おかしいということだ。[*18]

何らかの「原因」があり、自らの尊厳を「奪われた」と感じる（感じられる・感じざるを得ない）人たちや、「取り戻すべきもの」を持つ者にとっては、憲法が強い支えとなってくれるかもしれない。しかし、横田は障害者でなかったことを経験したことがなく、障害者でない自分を想像することもできなかった（そういった想像をすること自体が自己否定に通じるからだ）。自らの障害について、何らかの「原因」を求めることもできない。社会の中に自己実現を求めても、世の中には障害者を否定する価値観が溢れ、ただただ「健全者」に近づくことを求められるばかりだ。

そのような根源的な自己否定観に囚われた者にとって必要だったのは、日本国憲法よりも、むしろ独自の心の支えであった。それが有名な「行動綱領」だったのではないか。横田弘にしてみれば、日本国憲法も「否定」すべき「愛と正義」だったのかもしれない。

4　自分の「内」から湧く怒り

誤解を招かぬように付言しておくと、障害者運動の主流では、日本国憲法が規定する「基本的人権の尊重」「生存権の保障」「法の下の平等」は、現在もなお大切な理念である。むしろ、これらの理念はいまなお十分に実現されているとは言えず、現実のものとするための努力が求められており、努力し続けている人たちがいることを忘れてはならない（そもそも、憲法は福祉の根本的な根拠法であり、制度・政策・法令を問い直すための最高法規である）。

ただ、本章で指摘しておきたいのは、一口に障害者運動と言っても多種多様であり、中には憲法の言葉では自身の痛みを言い表し得ない人たちが存在した、という側面である。ずいぶんと助走が長くなってしまったが、ここからようやく本題に入る。

どうやら一九七〇年前後に、それまで最も憲法を強く意識し、その恩恵を受けてきたはずの障害者運動の中においても、憲法をめぐって様々な「断層」のようなものが生じはじめていたことがうかがえるのである。運動を担う主体の身体的状態・世代・性別などによって、様々に異なる憲法との距離が模索されたようである。

横田弘に関して言えば、彼の一回り先輩にあたる脳性マヒ者の花田春兆や山北厚たちは、敗戦後の患者運動を強く意識しており、たびたび民主的な憲法を賞賛している。横田はこの二人をとても尊敬していた。[*19]にもかかわらず、憲法観はまったく異にしていた。障害者運動以外にも目を向けると、この時期に前後して、日本社会のマイノリティの中に、憲法の言葉では自らの内なる痛みを語り得ないと感じた人たちが自己主張しはじめたように思われる。あるいは、憲法の射程外のものが社会運動のステージに上がってきたと言い換えてもよい。七〇年前後に、マイノリティたちの自己主張の中に憲法が新鮮な存在感を持ち得なくなった状況が生じつつあったとしたら、その背景について考える必要がある。

試みに、「青い芝」以外に一例をあげてみよう。「青い芝」最大の闘争の一つに一九七二~七四年の「優生保護法改悪阻止闘争」があげられる。この場で同会と対峙したのが、同じく七〇年前後に立ち上がったウーマン・リブの運動家たちであった。[*20]

このリブの運動を記録する資料、例えば二〇〇八年にインパクト出版会から発行された大部かつ希有な資料集『リブ新宿センター資料集成』（ビラ篇・パンフレット篇・「リブニュースこの道ひとすじ」篇）を繰ってみても、憲法への明示的な言及や、憲法由来の言葉などは見当たらない。例外的に「パンフレット篇」に収録されている米津知子の「モナリザ・スプレー事件」公判記録に憲法への言及があるが、それは法廷という場における形式上のものである（もちろん、「リブ新宿センター」の資料だけを見てリブ全体を語ることは危うい。しかし、時代の特徴を表す一側面は見えてくる）。

少し補足しておくと、「優生保護法改悪阻止闘争」の際、「青い芝」もリブも、〈優生上の見地から不良な子孫の出生を防止する〉ことを目的に掲げた同法を厳しく批判した。その際、両者とも障害者差別への怒りを示してはいるが、「法の下の平等」に反するといったロジックは使っていない（管見の及ぶ限り確認できていない）。「青い芝」のアジビラには「生存権」という言葉が見られるが、これも憲法二五条を意識した言葉というよりは、ただ単純に「殺すな」という意味合いで用いられている。

では、リブの中で憲法のことが話し合われるような機会はなかったのか。なかったとしたら、それはどういう事態を意味するのか。そもそも、リブに関わった女性たちの眼に、憲法はどのようなものとして映っていたのだろうか。映ってさえいなかったとしたら、それ自体にどのような意味があったのか。前世代の運動や運動家をどう意識していたのだろうか。意識していなかったとしたら、それはどうしてなのか。

私は、もしかしたらとても的外れな思考を進めようとしているのかもしれない。ある特定の時代に、何かがそこに存在しなかったことの意味を考えることはひどく難しい。しかし、文学研究者は「どのような言葉が存在するのか」よりも、「どのような言葉が存在しないのか」について、どうしても関心を向けざるを得ない。

いま右に名前をあげた米津知子は、リブ新宿センターに参加し、七二〜七四年当時の「優生保護法改悪阻止闘争」にも深く関わった。当時から「青い芝」と正面から向き合い、その後も「SOSHIREN 女（わたし）のからだから」のメンバーとして活動してきた（付言すれば、『リブ新宿センター資料集成』の資料を根気強く保存・整理した人物の一人でもある）。二〇〇四年に刊行された横田弘の対談集『否定されるいのちからの問い――脳性マヒ者として生きて』（現代書館）では、横田と米津が「優生思想、障害、女性の生と生殖の権利」というテーマで対談している。女性と障害者が「対立させせられてしまう構図」について語り合っている本対談は、障害者運動と女性運動の両者が向き合うことで高めあってきた一つの思想的到達点を示しているようにさえ思われる。

米津は一九四八年生まれであり、多摩美術大学在学中に学生運動に関わり、その後、ウーマン・リブの運動に参加した。二歳半で罹患したポリオの後遺症により下肢障害がある。横田との対談でも言及しているが、米津は「女性」と「障害者」の二つの側面に引き裂かれる経験をしてきた。学生時代を含めれば、「女性」「障害者」「学生運動」という三つの境界面を意識した（せざるを得なかった）人物だと言えるだろう。

筆者は、横田弘の憲法観から示唆された先の問いを考える第一歩として、米津にこの疑問についてたずねた（二〇一七年三月一〇日）。

——リブの中で憲法が話し合われることはあったのか？

米津　私の周囲で話題になった記憶はまったくありません。憲法に限らず、自分たちの内から湧いてくる怒り以外に、何かの指標とか、あるいは「拠って立つもの」が必要だとか大事だとか感じていなかったような気がするんです。他の団体にはあったのかもしれないけれど、自分たちの主張にはなかったし、自分たちが（他の団体と比べて）変わったことをやっているという自覚もありませんでした。

私がそういったことを自覚するようになったのは、七〇年代ではなく八〇年代になってからなんです。八二年に「優生保護法改悪阻止連絡会」（後に「SOSHIREN 女（わたし）のからだから」）がはじまったときに、「国際婦人年をきっかけとして行動を起こす女たちの会」の事務所にいたのですが、彼女たちが作っているビラや文書を読むと、「国際婦人年行動計画ではこう言っている」「××法にはこう書いてある」とか、そういったことを書いて、「だから自分たちの言うことは妥当なんだ」と展開するんですね。それを見た時に「こういうことを言わなきゃいけないのか」と。私は自分の中に「こうしてほしい」とか「これはいやだ」というのがあれば、それを言うだけで十分だと思っていたんですね。憲法に限らず、なにか根拠を示して説得しなければいけない必要性を感じたことがなかったんです。

私は昭和二三年生まれで、「六〇年安保」をはじめとした運動が権力につぶされていく様子を見て育ちましたからね。自分の拠り所としての憲法というのが、新鮮みを感じられなかったのかもしれません。

――横田の眼には憲法が「健全者の言葉」として映った。リブにとっても「男の言葉」に見えるのか？

米津　あえて言葉にすれば、そうなるのかもしれません。私を支配したり、閉じ込めたり、排除したりするもので、「護るのとは逆にあるもの」の言葉なのでしょうね。私は、憲法が自分に敵対してくるとは思わないけれど、そういう立場の言葉だから、私の役に立つとは思えなかった。ただ一九七〇年代当時は、それも意識してはいません。

――リブにとっての「敵」は「目に見える敵」なのか？

米津　「男社会」というのが「目に見える敵」なのだけれども、そこにあんなに激しくぶつかっていったのは、一人一人の内面にもっている「自己否定」を回復したいという気持ちがあったと思いますね。

――その「自己否定」という感覚は自覚できるものなのか？

米津　私の場合は、自分を「何か忌まわしいもの」と思わされる体験がたくさんあったんです。単に歩けないから駄目とか、そういうことじゃないんです。もっと存在そのものが駄目というような感覚。例えば「先祖の罪を引き受けている」みたいな考え方も広く深くあって、そういう訳のわからないものまで含めて全部自分に降ってくるというか、囲まれているというか。「仕事ができないから」とか「歩くのが遅いから」とか、そう言われたら言い返しようもあるんだけれど、もっとそうじゃない、あえて言葉にするなら、「とても忌まわしいもの」として見られている。そのことに対して何とか対抗したいというか、自分に対して、それは違うと言ってやりたいという気持ちです。

そういった「自己否定」を自覚できるようになったのは、ずっと後になってからですね。その時は、ただモヤモヤと言葉にもならないような、「忌まわしい駄目な自分」という感情が内側にあって、言葉にしようがなかった。そんな自分を変えようとする言葉を自分に対して発するわけだけれど、(自分がリブに関わった)二〇代になるまでに、世の中の価値観を十分に自分の中に取り込んでいるので、そういう世の中の価値観を壊そうとするときには自分にもひびが入るわけです。かなり「自虐的」です。リブに関わった女性たちには、同じような面があると思います。

米津の発言にある〈自分たちの内から湧いてくる怒り以外に、何かの指標とか、あるいは「拠って立つもの」が必要だとか大事だとか感じていなかったような気がする〉という言葉。あるいは〈世の中の価値観を壊そうとするときには自分にもひびが入るわけです。かなり「自虐的」です〉という言葉。これらは、そのまま横田たちにも当てはまる。横田たちにとっては〈内から湧いてくる怒り〉が「行動綱領」として結実し、〈自虐的〉な心の在り方を「自己の内なる優生思想」「健全者幻想」という言葉で厳しく戒めてきた。

憲法は、米津や横田たちが感じてきた〈自虐的〉な痛みに対しては、（少なくとも直接的な形では）有効ではなかったのかもしれない。

5 「輝く遺産」か、「出来合いの言葉」か

二〇一五年九月、神奈川県立保健福祉大学で「横田弘——その思想と生涯を巡って」と題したシンポジウムが開催された（臼井正樹・立岩真也・荒井裕樹による鼎談）。この場で、横田が日本国憲法に否定的な見解をもっていたという筆者の発言を受けて、立岩真也が次のように述べている。

もう一つは、もっとでかい話で、さっき荒井さんが憲法の話をしていたけれども、要するに彼らが問題にしたのは、憲法なんかよりでかいことなんです。だから、憲法におさまらないんです。この国の憲法は、今出されているもっと悪くする案に比べればよいものっていうのは当たり前ですけれども、まあよいものだとは思っています。とはいえ、いわゆる近代社会の中に、基本的には、納まるぎりぎりくらいの感じかな、というものだと思うんですよね。

それに対して横田さんたちの運動っていうのは、基本的には、本当はもうそのままこれがひっくり返っちゃったっていいんだっていうくらいの話なんですよね。そういう意味で言えば、捉えているものの大きさっていうのが違うんで、憲法よりでかいぞっていうことになったら、そういう道具立てを使わなくても言えるっていうか、使うと小さくなるよみたいな感じがあったのかもしれないなって気が、私はします。[*21]

〈彼らが問題にしたのは、憲法なんかよりでかいこと〉という点に同意するのだが、このように指摘すると、結果的に以下のようなことを考えねばならなくなる。つまり、一九七〇年前後には、「青い芝」の横田弘や、リブの米津知子らのように、我が身の痛みを語ろうとすると〈憲法なんかよりでかいこと〉を言わねばならない人たちが存在していた、ということである。

我が身の痛みと向き合う言葉を微視的に突き詰めていった結果、憲法よりも大きな枠組みを必要とする人たちが顕在化してきたこと。最小の視点から最大の枠組みを捉え返す人たちが登場してきたこと。筆者は、そういった人たちが登場したことに注目したいのだが、現時点では、それを七〇年代の社会状況と関連づけて説明するだけの蓄積をまだ持ち合わせていない。

七〇年代にも憲法の理念を強く必要とする人たちは確実に存在したはずであり、逆にそれ以前にすでに憲法に新鮮さを感じられない人たちがいたかもしれない。この詳細は今後詰めていかなければならない。ただ、マイノリティ運動の中で、憲法との距離の取り方に幅ができてきたことは確実に見えてくる。つまり憲法が、一方では「先人から受け継いだ輝く遺産」として、他方では「肌に馴染まない出来合いの言葉」として両極に分かれ、マイノリティの中でそれぞれの距離感が模索されたように思われるのである。

七〇年前後のマイノリティの目に憲法がどのように映っていたのかについては、当時を知る人から話を聞き、また資料を読んでいきたいと思っている。ただ、できれば多くの識者から、この点のヒントをもらいたい（誤解を招かぬように繰り返すが、筆者の関心は「憲法がマイノリティをどのように規定しているのか」ではなく、「マイノリティの眼に憲法がどのように映っていたのか」である）。

例えば、沖縄の「本土復帰」（一九七二年）に先立つ「祖国復帰運動」の中では、日本国憲法の施政下に入りたいという思いが県民に働いたことはしばしば指摘されているのだが、その思いとは具体的にどういったもので、どういった人々に強く支持されたのだろうか。沖縄戦の体験の有無も関わっていたのだろうか。「在日」の人たちの眼には、「日本国民」に限定された「日本国憲法」はどのように映ってきたのだろうか。世代（戦前・戦中の経験の有無、つまり帝国憲法時代の記憶の有無）によって、もしくは出身地の違いによって相違があるのだろうか。アイヌの人たちにとって、憲法はどのように見えていたのだろうか。公害病に苦しめられた人たちも、すべてが法廷闘争へと進んだわけではない。法廷闘争を選んだ人と、選ばなかった人（選べなかった人）の間に、憲法観の相違はあるのだろうか。一部の障害者運動家の話ばかりを聞いてきた筆者には学び切れていないことが多すぎるので、率直に、教えてもらいたいという気持ちでいる。

なぜ、これほどまでに憲法との距離について考えているかと言えば、ひとえに、現在の私たち自身にとっての憲法との距離を考えたいからである。「改憲」が乱暴に叫ばれる昨今だからこそ、この憲法のどこが自分を支え、どのあたりが自分と乖離しているのか。他ならぬこの私にとって、憲法はいまなお「実存に響く言葉」なのか。これらのことについて考える必要がある。もちろん、九条改変や緊急事態条項を求める乱雑なロジックに巻き込まれないような形で、七〇年という時間を追いながら、言葉を尽くして、自分自身と憲法との距離感を探る必要があるように思う。

註

＊1　初版は『CPとして生きる』というタイトルの小冊子（全二七頁）で、一九七二年に「青い芝」神奈川県連合会叢書第一号として発行。その後、増補改訂され、一九七五年に表記のタイトルとしてすずさわ書店より刊行。二〇〇七年に生活書院より再刊。

＊2　国際障害者年日本推進協議会（現・日本障害者協議会）の副代表を務めた花田春兆は、国際障害者年を〈黒船〉に喩えている。（『1981年の黒船――JDと障害者運動の四半世紀』現代書館、二〇〇八年）。

＊3　荒井裕樹・尾上浩二対談「否定された存在から当たり前の「生の肯定」を求めて――青い芝の会「行動綱領」をめぐって」『福祉労働』二〇一四年、一四四号、一一〇頁。荒井裕樹対談集『どうして、もっと怒らないの？――生きづらい「いま」を生き延びる術は障害者運動が教えてくれる』（現代書館、二〇一九年）に収録。同書六九頁。

＊4　拙書『差別されてる自覚はあるか――横田弘と「青い芝の会」行動綱領』現代書館、二〇一七年、六三頁。

＊5　内田みどり「私と『CP女の会』と箱根のお山」CP女の会編『おんなとして、CPとして』一九九四年、一六頁。なお、「青い芝」の支部で「婦人部」が存在したのは神奈川県連合会だけである。なぜ「婦人部」という形で女性たちが活動したのかについては、前掲『差別されてる自覚はあるか』二九〇頁参照のこと。

＊6　本章では、病者や障害者らによる社会運動を便宜的に「障害者運動」とまとめて表記する。

＊7　敗戦後の患者運動については、拙書『隔離の文学――ハンセン病療養所の自己表現史』（書肆アルス、二〇一一年）第九章、および杉本章『障害者はどう生きてきたか――戦前・戦後障害者運動史［増補改訂版］』（現代書館、二〇〇八年）を参照のこと。

＊8　拙書『障害と文学』第一〜二章参照。

＊9　拙書『隔離の文学』第二章、第九章参照。

＊10　「分断」はねのけ再生へ――判決10周年集会に各派結集」『水俣』一〇〇号、水俣病を告発する会、一九八三年三月二五日、一頁。

＊11　二〇一二年、黒川温泉（熊本県）で国立療養所菊池恵楓園（ハンセン病療養所）入居者への「宿泊拒否事件」が起きた際、同病回復者の志村康は次のようにコメントしている。〈結局、私たちの言いたかったことは最後まで相手に伝わらなかった。無力感を感じました。日本には差別を禁止する法律がありません。法があれば解決するという問題ではないけれど、憲法14条で法の下の平等をうたっている以上、そのよりどころとなる「差別禁止法」をつくるべきだと思います〉（『毎日新聞』二〇一二年一一月六日地方版、参照はhttp://www.arsvi.com/2010/1205ms.htm、二〇一七年三月一七日閲覧）。我が身に理不尽な出来事が降りかかった際、憲法が参照すべきものとして手元にあるという点に、ハンセン病患者・回復者たちが蓄積してきた運動の一つの特徴があるように思われる。

＊12　ただし、設立集会では将来的に「政治的圧力団体」になることが初代会長の山北厚によって宣言されているので、穏健ではあるが政治的志向性を持った団体だったという方が正確だろう。

＊13　『青い芝』九号、一九五九年一二月二五日、二頁。

＊14　「全国代表者大会（48年度全国代表活動者会議）報告集」『青い芝』九二号、一九七三年一二月、三六〜三七頁。

＊15　「行動綱領」の第一項は以下の通り。〈一、われらは自らがCP者である事を自覚する／われらは、現代社会にあって「本来あってはならない存在」とされつつある自らの位置を認識し、そこに一切の運動の原点をおかなければならないと信じ、且、行動する〉。

＊16　拙書『差別されてる自覚はあるか』二二五〜二二六頁。
＊17　前掲、荒井・尾上対談、一〇六頁。『どうして、もっと怒らないの?』六三頁。
＊18　拙書『差別されてる自覚はあるか』第一〇章参照。
＊19　横田・横塚が所属した「青い芝の会 神奈川県連合会」の初代会長は山北厚であるが、この人事にも横田が大きく関与していた。
＊20　両者の対峙については、森岡正博『生命学に何ができるか――脳死・フェミニズム・優生思想』(勁草書房、二〇〇一年)、および前掲『障害と文学』を参照のこと。
＊21　『ヒューマンサービス研究6』神奈川県立保健福祉大学ヒューマンサービス研究会、二〇一六年一二月、五二〜五三頁。

3　都合のいい言葉を押し付けられる前に

「がんばる健気な障害者」はどこから来たのか？

日本文学の中の障害者たち

1　はじめに

二〇一六年夏、「感動ポルノ」という言葉が話題になった。障害者がメディアに取り上げられる際、しばしば視聴者たちを「感動」へと導く便利な道具として扱われることを批判した言葉だ。[*1] 言われてみれば確かに、「不幸」や「悲劇」を健気な努力によって乗り越える障害者の姿が涙とともに「消費」されることは珍しくない。

では、「感動ポルノ」と呼ばれるような形で障害者が描かれるようになったのは、いつ頃からで、何がきっかけになったのだろうか。もともとこの言葉は豪州のジャーナリスト、ステラ・ヤングによるものだが、日本においては、どういった文化的土壌から生み出されたものなのだろうか。本章では、私が専門領域とする「日本近現代文学」の中から、その起源の一端を探ってみたい。

「日本文学の中の障害者たち」という副題をかかげたけれど、これには注意が必要だろう。安易にこうしたテーマで文章を書くと、「文学に描かれる客体」としての障害者像が固着してしまい、「文学を描く主体」としての障害者像が不当に小さくなってしまうからだ。日本の文化史を長いスパンで見返せば、「文学を描く主体」（文化の創造主体）としての障害者は、現在に至るまで決して珍しくはない。

加えて、こうしたテーマで何かを書こうとすると、「障害者のステレオタイプ」という問題に言及せざるを得ないのだが、これがまた難しい。そもそも文学には「ステレオタイプ」がある程度は付き物だし、一口に「障害者のステレオタイプ」といっても、その在り方は時代や社会状況によって様々だ。

これらの点を加味すれば、「文学に描かれた障害者像」について考えるとは、つまるところ、以下の問題点を分析することになるだろう。
問題点① 「障害者のステレオタイプ」は、社会や時代とどのような関係にあるのか（たとえば「感動ポルノ」との関連で言えば、「感動ポルノ」の対象になりやすい「ステレオタイプ」な障害者像とは、いつの時代に、どのような社会的背景の中で登場したのか）。
問題点② そもそも「ステレオタイプ」でない障害者の描き方などあり得るのか？ あるとすれば、どのようなものなのか？
問題点②については稿を改めるとして、本章では以下、問題点①について考えてみたい。

2 近代小説の中の障害者像

「日本文学の中の障害者たち」といっても、あまりにも範囲が広すぎるので、ここでは一冊の本をガイドに話を進めよう。「障害と文学（文化）」をライフワークとした俳人・運動家の花田春兆（脳性マヒ）が編集した『日本文学のなかの障害者像（近・現代編）』（明石書店、二〇〇二年）である。

本書は、花田が主宰した文芸サークル「しののめ」同人らによる労作で、福沢諭吉の

『かたわ娘』（一八七二年）から宮尾登美子の『藏』（一九九二〜九三年）まで、障害者が登場する四〇作品が紹介されている。

この本は、明治から戦前までを扱った第一部と、戦後から現代までを扱った第二部に分かれている。作者自身が障害当事者である作品はひとまず除き、いわゆる「職業作家」によって書かれ、広く一般に流通したものをピックアップして通覧すると、そこには一つの傾向がある。

第一部に紹介された作品において、障害者は明らかに「異質」「異様」「異形」な存在で、作品の色調を深める「脚色的要素」として登場することが多く、障害者自身の内面が深く掘り下げられることはほとんどない。数例を挙げよう。

明治の流行作家・広津柳浪（広津和郎の父）の『変目伝』（一八九五年）は、当時「深刻小説」あるいは「悲惨小説」と呼ばれて流行したジャンルに含まれる。人よりも身体が極端に小さく、顔の半面に〈湯傷の痕〉が大きく残り〈厭ふべき目付いとゞ気味悪く〉とまで評される主人公が、不幸で愚かで哀れな存在として描かれている（タイトルは「変」な「目」をした「伝吉」という意味）。

国木田独歩の『春の鳥』（一九〇四年）は、知的障害のある少年〈六蔵〉が城跡の石垣から転落死する悲しい短編である。彼が転落した原因について、母や教師らは、大好きだった鳥になろうとしたのではないかと推測する。少年の明るく純粋無垢なキャラクターが、その悲しみとやりきれなさを増幅させる。

泉鏡花の代表作『高野聖』（一九〇〇年）には、自分に言い寄る旅人を馬や魚に変えてしまう妖女が登場する。彼女の夫には重度の知的障害があり、人間を超えた力をもつ妖女にとってさえ不可侵な存在として描かれている。不可思議な力をもつ障害者の存在（例「福子伝説」）は、民俗学の中では有名な類型だ。

大正末〜昭和初期には、探偵小説やミステリー小説が流行した。そこに出てくる障害者たちは、卑屈な闇を抱えた異形の者として描かれることが多い。その代表が江戸川乱歩だろう。『一寸法師』（一九二六〜二七年）や『芋虫』（一九二九年）といった作品で、怪奇趣味的な障害者像を多数描いた乱歩のことを、花田は前掲書の中で〈障害者のイメージを暗くおどろおどろしくしたもの、陰惨きわまるものとして定着させた張本人の一人であることは、否定のしようもあるまい〉と指摘している。[*2]

対して第二部では、「障害者自身の心理が緻密に描かれた作品」や、「障害者の親族が抱えた葛藤を深く掘り下げる作品」がいくつか取り上げられている。

前者でいえば、森鷗外の小倉左遷期間の足跡を追いかけた青年〈田上耕作〉（脳性マヒのような症状が見られる）を描いた松本清張『或る「小倉日記」伝』（一九五二年）や、吃音のある学僧〈溝口〉が対人関係でのコンプレックスをつのらせ、金閣寺に放火するに至る心理を描いた三島由紀夫『金閣寺』(一九五六年)などがあり、後者で言えば、障害児の親が直面する葛藤を描いた大江健三郎の『個人的な体験』(一九六四年)や水上勉『くるま椅子の歌』(一九六四〜六六年)などがある(水上・大江は共に障害者の親でもあった)。

これらに共通しているのは、障害者(あるいは障害者の家族)を「ヒューマン・ドラマ」の文脈で語っているところである。これは裏返せば、障害者(あるいは障害者の家族)は何か「特殊な事情」や「特殊な悩み(内面)」を抱えているという前提がある、ということになる。障害者が、戦前とは異なる形で「特殊な存在」として見られているのである。

花田編『日本文学のなかの障害者像』に紹介された作品を参照する限り、近現代文学史の中で障害者たちは、作品の色調を深める「脚色的要素」という存在から、深刻な事情を抱えた「特殊な存在」として関心を向けられる対象へと変遷してきたと言えるだろう。

3　現代小説の世界観

では、直近の文学作品ではどうなっているのか。

近年、小説の世界では、「正常／異常」「普通／特殊」の枠組み自体が溶けてしまったような作品を散見するようになってきた。筆者が最も注目する作家の一人に村田沙耶香がいる。彼女の作品の変化そのものが、この時期の小説界を象徴しているように思われる。

村田が野間文芸新人賞を受賞した『ギンイロノウタ』（二〇〇八年）は、閉塞的で抑圧的な家庭で育った少女が狂気をつのらせ、抑えがたい殺人衝動に駆られていく様子を克明に描いている。これ自体かなりの衝撃作なのだが、その後に発表した『殺人出産』（二〇一四年）では、「一〇人産んだら誰か一人を殺せる制度」が成立した近未来を描き、文壇に更なる衝撃を与えた。

この二作に限らず、村田作品を時系列的に追いかけていくと、「狂気」というものが「個人に宿るもの」から「世界そのものが狂っている」ような世界観へと作風が大きく変化していることに気が付く。「異常」や「普通でない」という価値観は、ある個人の問題ではなく、その価値観を内包する社会や世界の問題なのではないか、という観点である。

なお村田の作品には、対人コミュニケーションに困難を抱えた人物が出てくることが多く、「普通」「当たり前」という価値観に馴染めずに苦慮する場面がしばしば描かれる（例『コンビニ人間』二〇一六年）。そうした「漠然とした生きにくさ」を描く点こそ、彼女が多くの読者から支持される理由かもしれない。*3

社会の「多様性」を尊重しようという機運の高まりとともに、「普通」「当たり前」という価値観が問い直されている。そうしたなかでは、「障害者」という存在も、殊更にクローズアップするほどの重い意味をもち得なくなっているのかもしれない。

例えば山崎ナオコーラの『偽姉妹』（二〇一八年）には、血縁的姉妹（つまり「血の繋がった家族」）を解消して、気の置けない友人たちと擬似的な姉妹関係をつくり、子どもを育てていくシングルマザーが登場する。作品終盤、彼女らに育てられた青年が出てくるのだが、彼は事故にあって顔面に損傷を受け、眼球を失って義眼を入れている。ただし、彼が義眼であること自体に何か特別な意味が付与されているようには受け取れず、小説世界を構成する人々の「多様性」を表す一部として登場しているように思われる。

「普通」とは異なる身体的特徴をもった人物が、社会の中の「多様性」の一部として（つまり「いろいろな人間のうちの一人」として）、決して不自然でないかたちで溶け込んでいるような世界。こうした世界を描いた小説が登場して久しい。しかし、だからといって、私たちが生きる現実の社会で、障害者が自然なかたちで「多様性」の一部になり得ているかどうかについては、まだまだ検討の余地がある。

事実、出生前診断によって胎児に障害が見つかった場合、圧倒的に多くのカップルが中絶を「選択」したり、せざるを得なかったり、結果的にそうしてしまうような状況が存在する。また、境界線が融解しかかっているからこそ、その境界線を新たに（かつてより厳格に）引き直そうとするバックラッシュもある（某議員のＬＧＢＴの人に関する「生産性」云々などはその象徴だろう）。

4 「車椅子」の登場

ところで、「感動ポルノ」と言われるような「障害者のステレオタイプ」は、いつ頃から定着したのだろうか。

「涙を誘う障害者像」については、それこそ明治の昔から存在するし、おそらくそれ以前からもあっただろうし、現在もあるだろう。障害者自身の手による文学作品にも、この種のものは少なくない。*4

前述した「悲惨小説」といったジャンルでも、「病」や「障害」は定番である。「障害」と明示されているわけではなく、「普通」とは異なる身体的特徴をもった登場人物が苦難に遭って涙を誘うというパターンまで含めて良いのであれば、それこそ小川未明や宮沢賢治の童話にもたくさん見られる。

しかしながら、「感動ポルノ」という言葉が（あるいはこの言葉を用いて「ステレオタイプな障害者像」を批判する論調が）、これらの古典作品まで批判の射程に入れているようにも思えない。

世に流通する「感動ポルノ」という言葉は、昔ながらの「お涙頂戴もの」そのものを批判するというよりも、むしろ近年のメディアに登場する「がんばる健気な障害者の姿に感動し、一方的に元気をもらう消費者的な態度」を中心的な仮想敵としているように思われる。だとしたら、そのような「消費者的な態度」を刺激する障害者像が、いつ頃から登場し、なにを契機として定着したのかが問題になる。

以下の論述は、まだまだ調査・分析を積み重ねなければならない仮説として受け止めてもらいたいのだが、私はそのような障害者像の登場は、一九六四年のパラリンピック東京大会が一つのきっかけとなり、この前後から本格化する「コロニー構想」が定着に一役買ったのではないかと、現時点では推測している。本章では「コロニー構想」にまで触れる余力がないので、さしあたり、パラリンピックに関する事柄を指摘しておこう。

たとえばパラリンピックより以前、敗戦後から一九五〇年代頃にかけて、市井の人々が抱く「障害者像」は、現在の私たちが抱くものとずいぶん違っていたはずである。具体的に言うと、この時期の「障害者像」は、白衣姿で街頭に立ち、募金箱やアコーディオンを持つ「傷痍軍人」が大きな比率を占めたのではないか。

もともと、戦後の障害者福祉制度が「傷痍軍人」を対象とした施策を基につくられている。「身体障害者福祉法」（一九四九年）の制定にあたっても、「傷痍軍人」をいかに処遇するかは大きな課題であったし、同法の障害等級評価に関しても「軍人恩給診断」の診断基準が踏襲された[*5]（そのため、「麻痺」よりも「欠損」のほうが障害等級が重くなるような制度になっており、脳性マヒなど全身性障害が、四肢の欠損よりも障害等級が低くなるという事態が生じた。これを是正したいという意識が脳性マヒ者たちの結束を生み、後に「青い芝の会」の誕生へとつながっていく）。

現在では、「障害者」といえば「車椅子」を連想する人も多いだろうが、これも一つの「ステレオタイプ」である（車椅子ユーザーでない障害者もたくさんいる）。また、車椅子といえば「街中を移動するためのもの」と漠然と考える人もいるだろうが、そもそも、こうしたイメージ自体、パラリンピックの前にはほとんど存在しなかったはずだ。

歩行できない障害者の外出が珍しかった世代（戦前〜戦中世代）の当事者の回想記には、幼児期を過ぎても「乳母車」に乗せられた経験が、しばしば苦い思い出と共に登場する。当時、車椅子は決して身近な存在ではなかった。

もちろん、「車椅子」に該当する器具は存在したが、それは基本的に「病人が乗るもの」

で「手押車」と呼ばれることが多かった。[*6] 一九五六年に田原千暉という俳人が『車椅子』という句集を出版しているが、彼は「国立別府保養所」（現・別府重度障害者センター）の入所者であり、花田春兆によれば「車椅子」という今では見慣れた単語も、当時としては〈いかにもユニークで新鮮〉だったという。[*7]

こうした「車椅子」のイメージは、パラリンピックを機に大きく変わっていく。再び花田によれば、代々木に作られた選手村は〈日本で最初の車椅子使用を念頭に置いた公共建築物〉だったようで、この大会が日本の車椅子の普及・発展に大きく貢献したと回想している。

厚い胸板と、ポパイのように太い腕の外国選手、それにも増して日本選手団を貧弱に見せたのは、車椅子の出来の違いでした。
幅も厚みも比較にならないほどあるのに、軽やかな車輪、体の一部のようにぴったりとして意のままに動く自由さ。なんとも武骨で、ギシギシ軋む感じでイヤイヤ動かされているような日本の車椅子とは、それこそ天地雲泥の差があると思われたのです。（中略）このパラリンピックに来日した外国選手団の車椅子は、日本の障害者にとって正に目を覚まさせる黒船の役を果したのだ、とも言えましょう。ともかく東京パラリンピック以後、日本の車椅子は質・量ともに大きく脱皮し飛躍することになったのでした。[*8]

折しも、時代は高度経済成長期。住宅の様式も「和式」から「洋式」へと変化していったことが、車椅子の普及に大きな影響を及ぼすことになる。

ちなみに、先に紹介した『変目伝』の〈伝吉〉や『春の鳥』の〈六蔵〉は歩行に不自由はない。『高野聖』の夫は部屋にずっと座っている。乱歩の『芋虫』は戦争で四肢を失った男〈須永中尉〉がタイトル通り「芋虫」のごとく這いまわっており、『或る「小倉日記」伝』の〈田上耕作〉は麻痺のある足で山道を歩くのに難儀している。そもそも、これらの小説は、車椅子が広く普及する前の世界が舞台になっているので、車椅子が登場するはずもない。

現在ではお馴染みの「車椅子に乗りながら健気にがんばる障害者たち」というイメージが定着するのは、やはりパラリンピックの影響が大きい。『聞蔵Ⅱ』や『ヨミダス』といった主要新聞の見出し語検索で「車椅子」をひいてみても、やはりこの時期からパラリンピックに関連した記事が増えてくる。記事の内容も、不自由な身体で精一杯スポーツに励む人々の様子を紹介したものが多く、それまでの「車椅子＝病人が乗る手押車」というイメージが大きく変化しているのだ。

5 「哀れみ」と「感動」

とは言っても、これがまた興味深い点なのだが、福祉業界に大きなインパクトを与えたパラリンピック東京大会は、同時代の文学作品にはほとんど描かれていない。三島由紀夫が観戦記を書き、市川崑が記録映画を作ったオリンピックとは大きな違いである。

管見の及ぶ限り唯一の事例が、先にも紹介した水上勉の自伝的長編小説『くるま椅子の歌』だ。この小説は、当時の人々がもつ「車椅子」へのイメージがどのようなものであったかを考える上で、非常に興味深い作品である。

水上勉自身、実際に障害児の娘を持つ父親であった。彼が記した「拝啓 池田総理大臣殿」（一九六三年）は、日本の福祉施策の貧困さを痛烈に批判し、時の官房長官からの返信を取りつけたこともあって、水上は福祉業界に大きな影響を及ぼすことになる。ただ本章ではそのあたりのことは割愛し、『くるま椅子の歌』の内容を紹介するに留めておこう。

この小説は、オリンピックを直前に控えた東京に住む、とある家族が舞台になっている。

サラリーマンの〈椎崎要助〉と専業主婦の〈美弥子〉の間に、〈脊椎破裂〉（「二分脊椎症」の旧名）の障害をもった娘が生まれた。夫婦は我が子に障害があることに衝撃を受けるが、それでも〈蕗の薹〉のように強く生きてほしいという願いを込め、娘に〈薹子〉という名を授ける。

深刻な福祉施設の不足に悩む椎崎夫妻は、東京オリンピックという巨大な祭典に多額の予算を計上するくらいであれば、むしろ福祉予算を増額して障害児収容施設を建設して欲しいと願う。はじめのうちは、娘の養育方針をめぐって衝突していた夫妻も、様々な人との出逢いを通じて、社会には障害がある人々が多くいることに気が付き、オリンピックが近づくにつれてすれ違いを克服し、娘を育てていくための連帯感を回復する。

この小説の最終部にパラリンピックの開会式が描かれている。〈美弥子〉が〈薹子〉を背負って開会式を見に行くのだ。その場面を引用しよう。

凛々しい皇太子のお声は、美弥子の耳に快くひびいた。美弥子は聞き終わって、泣いている自分を省みて、思った。

〈本当だわ……人間はみんな……一つなんだわ〉

美弥子は世界は一つだとは思わなかった。いま、大会場の中央部に、それぞれの国名を書いた標示を少女が胸前に掲げ立ち、そのうしろに胸をそらせて、くるま椅子に乗って、整列している二十二ヵ国の数百人の選手たちは、黙ってそのことばをきいているが、誰もがその軀を委せているくるま椅子のリムは、銀色に輝いて、海にちらしたガラスの波のようである。

〈みんな、くるま椅子に乗っているわ……〉と美弥子は思った。

美弥子は思わず背中の薹子をゆさぶった。薹子の萎えた足が、わずかに、ねんねこの下からはみ出ている。美弥子は、ねんねこの裾でそれを被った。

〈あんたは歩くのね……くるま椅子になんか……乗らなくてすむように、あしたから、また、小島先生のところでがんばるのね……〉[*9]

最後に出てくる〈小島先生〉というのは、〈薹子〉の機能訓練医である。母の〈美弥子〉は、献身的で慈悲深い父母という二つの車輪（これこそタイトルの〈くるま椅子〉）があってこそ〈薹子〉は歩けるようになるという〈小島先生〉の教えを心から信じている。

ところで、細かいことかも知れないが、〈美弥子〉の言葉尻に一つ気になるところがある。〈あんたは歩くのね……くるま椅子になんか……乗らなくてすむように〉という箇所の〈くるま椅子〉に付けられた〈なんか〉である。この〈なんか〉の語感に込められた感情を読み解くのは、意外に難しい。

〈美弥子〉がこぼした〈なんか〉には、車椅子とは「本来であれば乗るべきではないもの」あるいは「乗らないほうが好ましいもの」という発想がにじんでいるように思われる。また、このような発想は、障害者に対する「現状のままでいることは望ましくない人たち」「より良く生きるために努力すべき人たち」といった価値観に通じている。

〈美弥子〉が流した涙は、「不幸で可哀想な人が気の毒で仕方がない」という感情とは、似ているようで異なる種類のものだろう。むしろ、「ここにいるべきでない人たちが少しでも上を目指してがんばっている姿」に対して向けられた涙である。そこに「不幸な者」への憐憫の情がないわけではない。しかしながら、その努力に対して「感動」もしている。

〈美弥子〉は車椅子に乗った人々を、一方では哀れみつつ、また一方では感動し、熱い涙を流すことで明日への活力を得ている。現時点で私が確認する限り、この場面は、「感動ポルノ」という言葉が中心的な仮想敵とする「障害者への消費者的な態度」が文学の中で描かれた初めての場面だろう。

6　終わりに

ところで、このパラリンピック東京大会を、当の障害者たちはどのように観たのだろうか？　街も交通機関も競技場もバリアフルな状態で、どれだけの障害者がパラリンピックを観戦できたのだろう。おそらく、競技場まで赴くというのは現実的な選択肢ではなく、多くの人はテレビで観戦したのだろう。オリンピックの少し前あたりから、カラーテレビの普及率は大きく高まっている。

パラリンピックを観戦した脳性マヒ者の短歌があるので、最後に紹介したい。

籠球にいきいき運ぶ車椅子みな自らの勝者を乗せて
さしぐめど哀れみならずテレビよりパラリンピックの競技明るく

山野井昌子の『歌集 車椅子』（一九七〇年）からの紹介である。作者の山野井は重度の脳性マヒ者である。先述の田原千暉の句集と同じく「車椅子」をそのままタイトルとした歌集だが、一九七〇年では、この言葉はまだ新鮮味を失っていなかったのかもしれない。

一首目、〈いきいき〉〈自らの勝者〉という表現に注目したい。車椅子が「病人」といった暗いイメージからはなれ、溌剌としたイメージに変わっていることがわかる。

二首目の〈さしぐめど哀れみならず〉とは、「涙がこみ上げるけれど、その涙は哀れみではない」ほどの意味。山野井はテレビに映る選手たちに、ある種の共感のようなものを覚えたのだろうか。

『くるま椅子の歌』の〈美弥子〉には、「哀れみ」と「感動」が混在していたが、山野井の歌ではこの比率が「感動」側に傾いている。パラリンピックを見る人の内心では、「哀れみ」と「感動」が様々な比率で混合していたのだろう。

障害者が、「哀れみ」でない涙の対象になったという点で、パラリンピック東京大会は非常に興味深い。同大会と、それにまつわる戦後の「障害者像」の変化については、これから詳しく検証されてよい。

註

＊1　はじめに、註5参照。
＊2　花田春兆『日本文学のなかの障害者像（近・現代編）』明石書店、二〇〇二年、一五二頁。

＊3　村田沙耶香作品の変遷については、下記のインタビューを参照されたい。荒井裕樹×村田沙耶香「『自分の闇よりも深いものに祈る』――小説家・村田沙耶香の描く孤独」SYNODOS（シノドス）二〇一四年八月一日配信（https://synodos.jp/info/9983）。

＊4　評論家の中島虎彦（脊椎損傷）は、著書『障害者の文学』（明石書店、一九九七年）の中で、障害者文学の二大類型として〈「お涙ちょうだい」式〉と〈「どっこい生きてる」式〉を挙げている。

＊5　江藤文夫「身体障害者手帳制度に関する最近の話題」（『ノーマライゼーション――障害者の福祉』二〇一三年十一月号、日本リハビリテーション協会）に以下のような指摘がある。〈しかし、他の多くの法律と同様に、〔引用者――「身体障害者福祉法」の〕実際の策定に当たったのは日本人であることから、基本的には戦前の仕組みが踏襲されている。身体障害者福祉法における等級評価は軍人恩給診断の流れをくみ、医学的に解剖学レベルでの機能の喪失を評価することで、障害（資格）認定の公平性を期した。〉http://www.dinf.ne.jp/doc/japanese/prdl/jsrd/norma/n388/n388004.html

＊6　現在「手押車」というと、主に高齢者の歩行を補助するためのバギー状のものをイメージする人が多いかも知れないが、少なくとも主要新聞の記事を確認する限り、一九五〇年代までこの言葉は主に「車椅子」のことを意味していた。一例だけ挙げれば、『読売新聞』一九五五年四月二七日付夕刊三面に〈鳩山さんに手押車の贈物―全米レスリング協会長から〉という記事があるが、写真の中の鳩山一郎首相は、現在でいう「車椅子」に座っている。なお、当時の『読売新聞』には海外スポーツを紹介する「海外スポーツ便り」のコーナーがあり、そこでは〈いざり椅子〉という表現を使用している例も見かけられる。〔例えば一九五三年二月十日付朝刊四面、および翌日付朝刊四面に〈いざり椅子バスケット〉の表現がある。〕なお、花田春兆主宰の「しののめ」が編集した『自助具百科―身障者の七ツ道具』（『しののめ』増刊、一九七五年）という冊子がある。障害者の生活を支えるための種々の補助具を紹介し、どこで手に入るのか、業者や工場の連絡先まで記した画期的な一冊だが、同書の「車椅子」の欄には以下のようにある。〈以前は病院などで見かけるぐらいでしたが、（その頃は手押し車と呼ばれていた程度）最近は普及化してきて、身障者のシンボルのようになった感じさえありますから、みなさんご存じのことと思います。〉（四一頁）
　ちなみに、『朝日』よりも『読売』のほうがパラリンピックを熱心に報じていることが興味深い。余談だ

が、一九七〇年代、脳性マヒ者たちによって行われたアクセス権闘争（具体的には「川崎バス闘争」。実は川崎だけでなく日本の各地で行われていた）に関しても、『読売』は熱心に報じており、内容も驚くほど「リベラル」である。

＊7　花田春兆『日本の障害者・今は昔』こずえ、一九九〇年、一二五頁。

＊8　前掲『日本の障害者・今は昔』一四二～一四三頁。

＊9　引用は中公文庫版、三七八～三七九頁より。

「二階六号室」の修羅場

『さようならCP』が映したもの

1　空気を凍らせたのは誰か?

原一男監督の『さようならCP』(疾走プロダクション、一九七二年)は、私にとって「体力を削がれるドキュメンタリー」の第一位だ。戦争や災害の記録映像に関しては割と直視できる私も、なぜかこの映画に関しては観る度に悶絶してしまう。

この作品が追うのは、障害者団体「日本脳性マヒ者協会 青い芝の会」の一支部である「神奈川県連合会」(以下「青い芝」と表記)。主役は同会の横田弘だ。

ただし、『さようならCP』は「障害者運動の記録」というわけではない。むしろ横田らを差別糾弾闘争へと駆り立てたもの――「社会」と「障害者」の相容れなさのようなもの――をカメラに捉えようとしている。

例えば、横田が電車に乗る場面がある。横田が一人いるだけで、その車両の空気が完全に凍る。横田が街頭で自作の詩を朗読する場面がある。何を言っているのか聞き取れない。街ゆく人も何だかまったくわかっていない。そのうち画面が暗転して、刑事の声で「見世物になってるから保護」すると冷たく告げられる。平穏な街の風景に、障害者が一人混じるだけで空気が凍る。そんな様子が画面を通じてビンビン伝わってくる。

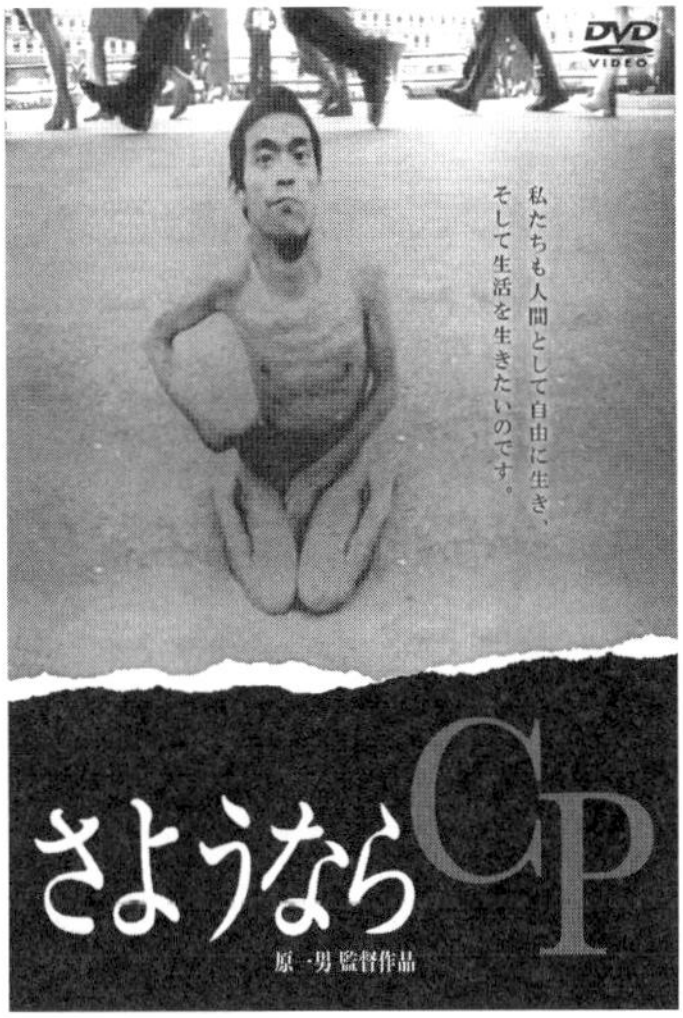

『さようなら CP』DVD 版ジャケット
© 疾走プロダクション／発売元：DIG レーベル（株式会社ディメンション）

どうして障害者がいるだけで街の空気が凍るのだろうか。そして、それは誰のせいなのだろうか。障害者を排除した形で成立する社会のせいか。障害者を見たこともない「健全者」のせいか。それとも「健全者社会」の空気も読めずに割り込んできた障害者のせいか。『さようならCP』は、そんな問いを容赦なく突き付けてくる。その容赦なさに、小心者の私は悶絶してしまう。

2 「敵対」するカメラ

後に原監督は、DVD版『さようならCP』（二〇一五年）に収録された評論家・荻上チキとの対談の中で、撮影当時は〈あらゆる障害者を描いた映画を否定してみせるといって意気込んで〉いたと述べている。障害者と「健全者」が〈差別というシステム〉に組み入れられている状況では、両者が憎み合うことが前提となっている。両者が〈敵対〉しているのなら〈敵対〉のままで良い。それを推し進めていき、どう乗り越えるかを考えていたというのだ。

その〈敵対〉の姿勢を最も露骨に向けられたのが、横田のパートナー・淑子夫人だった。

映画中、撮影を継続するか否かをめぐって横田の家で話し合いがもたれる場面があるのだが、その箇所について原監督は次のように回想している。

作品の中でこの人が一番敵だと思ったのが、まさに横田さんの奥さんなんですよ。奥さんに対しての、変な話ですよ、私の奥さんに対する憎悪、この人が一番敵じゃないかっていうことで、攻撃をするっていう展開に後半なっていくんですよね。そういう憎しみは憎しみとして、モロにぶつけていいんである、というふうに思ってたんですよね。それで横田さんが間に入って右往左往するでしょ。奥さんは『もう映画はやめてくれ』って最初からそう思ってたんで、奥さんから『やめてくれ』って言われると、『じゃあやめる』って、ぼくらの方に『もう映画やめるから、原君』って電話がかかってくるんですよ。そのひ弱さが、もう我慢ならない。ということで、みんなが集まって彼のところにおしかけて、あれは本当に私たちが押しかけていって、『おまえなんだ!』って糾弾するっていうシーンなんですよね。だから、そんな人が良いってところが、まあ、ちょっと弱さになったりして。この人たち『世直し』って言葉使ってましたからね。その世直しを標榜するあんたたちが、そういうひ弱い面を見せてどうするんだよって。そういう弱いところは遠慮なく突くからねっていう感じだったんですよね。でも、その弱さが魅力だったりするからね、一概には言えないんですが、そんな感じでずっとやってたんですよ。（文字起こしは荒井による）

実際、この場面は修羅場としか言いようがない。寝間着姿のまま激怒する夫人は、映像ではわかりにくいが、怒りのあまり唇をかみ切って出血している。映画の制作も、この場面の扱いをめぐって困難な状況に直面した。一九七二年四月一二日の朝日新聞では、〈脳性マヒ患者主演の告発映画／健康な人には遠かった／「これではさらし者」／怒る家族、出演者は失望〉という見出しで、制作側（疾走プロダクション）と夫人のトラブルが報じられている。内々の試写会に参加した夫人が激怒し、告訴まで検討したことから、制作側も公開に向けてこのシーンをカットすることになったという（その後、五月一〇日の同紙社会面に〈疾走プロ側の説得で家族が折れノーカットのまま、次の日程で自主上映されることになった〉とある）。[*1]

この箇所は後々まで横田の中にシコリが残った。二〇〇七年に横田の盟友・横塚晃一の名著『母よ!殺すな』（生活書院）が復刻された際、『さようならＣＰ』のシナリオが収録されたのだが、横田本人の強い要望によって、この場面はカットされている。[*2]

3　横田家の事情

このシーンが撮影されたのは、横田一家が生活していた横浜市磯子区の県営住宅一階六号室。この部屋にたどり着くまでに横田も淑子夫人も波瀾万丈な人生を歩んでいる。*3「青い芝」のメンバーは、怪僧・大仏空《おさらぎあきら》和尚が開いた脳性マヒ者の共同生活体「マハラバ村」（茨城県）で、和尚独特の革命思想を叩き込まれた人たちだった。この地に集った脳性マヒ者には、実家や施設などで深い心の傷を負った者が多い。横田夫妻も、それぞれに実家との壮絶な葛藤を経てこの地にたどり着き、親族からの反対を押し切って結婚し、長男を授かった。

横田弘は、自他共に認める大仏和尚の一番弟子だった。しかし、大仏和尚のもとを去った最初の弟子も横田だった。マハラバ村離脱後、横田一家は横浜市鶴見区の弘の実家に身を寄せ、生活のために母屋の部屋を借しに出し、あまった四畳半で肩を寄せ合うように生活をはじめ、一九七〇年四月に先の県営住宅に転居した。弘と淑子が出会ったのが一九六五年六月。実に五年の歳月を経て、二人はようやく「家族」の場を持つことができた。『さようならＣＰ』の撮影が始まったのは、まさにその矢先だったのである。

当時は障害者同士の結婚・育児が極めて珍しく、風当たりも強かった（現在もなお風当た

り は強い）。淑子夫人にしてみれば、「妻」「母」という立場で隣近所とも付き合っていかなければならない。障害者カップルが地域で「家族」を維持するのは、街頭に出て闘うのとは別種の困難がある。その苦労を知るからこそ、夫の障害を〈さらし者〉（前出の朝日新聞）のように扱ったり、寝間着姿の自分にまでカメラを向ける制作サイドに怒りを爆発させたのだろう。

実は「青い芝」（神奈川県連合会）には「婦人部」があった。これは神奈川県連合会の「婦人」たちが強かったというわけではない。実態は逆で、「男は外で闘い、女は家を守る」「女は一歩下がって」という雰囲気が会内に強かったからこそ、女性たちが互いに寄り添い合わねばならなかったのだ。

「青い芝」の女性たちが結成した「CP女の会」という団体がある。淑子夫人も所属していた。同会が編集した『女として、CPとして』という名著には、次のような名言がある。

男たちは、障害者運動に夢とロマンをかけ、女たちは、日々の生活をかけた。[*4]

「青い芝」は、人間を能力や生産性で値踏みする価値観を否定したという点では極めてラディカルだったけれど、会内の性役割意識はむしろ保守的で、男性中心主義的な気風があった。同じ障害を持つ妻たちが前に出ることを快く思わない風潮もあった。そんな中、妻たちは日々、家計をやりくりして食べること、幼い子どもを育てること、隣近所や支援者たちと付き合うことに忙殺された。

世間体を気にしながら、世間体なる価値観と闘わなければならないところに「女性の運動」の難しさがあるのかもしれない。「一階六号室」の修羅場に映し出されたのは、その困難に引き裂かれた女性の切実な姿だったのだろう。

4 横田弘の「弱さ」

社会を変えようとする者が家庭に絆される。先に引用した発言の中で、原監督はそれを〈弱さ〉と突いていたが、同時に〈魅力〉だとも言っている。確かに、そんな〈弱さ〉を繕うことなく抱えていたからこそ、横田の思想は奥深いものになったのだと思う。私見では、横田弘は二〇世紀最大の思想家の一人だ。

映画中、怒る母・淑子を心配していた長男は、後に父・弘のことを〈ぼくにとっては普通の甘いお父ちゃん〉〈一生懸命「普通の親」をやろうとしていた〉と語っている。[*5] 事実、横田を知る人の口から漏れ聞こえる「横田弘」は、親バカで、愛妻家で、恐妻家で、愛猫家で、頑固親父で……そんな平凡さを抱えた人間だ。

「弱さ」を繕わぬ者は、「なぜ闘うのか」という原点を忘れない。横田が四〇年にわたって運動の最前線を走り続けられたのも、その「弱さ」があったからだろう。

そもそも、横田弘が闘ってまで守ろうとしたものとは何だったのか。障害者も街に住みたい。近所の友達と同じ学校に行きたい。子どもを産み、育てたい。その願いは、ともすると、あまりに「当たり前」で「平凡」なもののようにも見える。

そんな「当たり前」で「平凡」なことを障害者が求めた瞬間、「過激」「生意気」と指弾される。では、障害者からその願いを取りあげた者は誰なのか。そう願うことは、なぜ許されないのか。この点こそ問い直されなければならない。

『さようならＣＰ』を観ることが、そのきっかけになれば良いと思う。

註

＊1　この記事の存在は疾走プロダクションの小林佐智子氏にご教示いただいた。『さようならＣＰ』制作当時の状況については、また稿を改めたい。

＊2　横田弘・立岩真也・臼井正樹『われらは愛と正義を否定する――脳性マヒ者横田弘と「青い芝」』生活書院、二〇一六年、二八〜二九頁参照。

＊3　以下、横田に関する記述は拙書『差別されてる自覚はあるか――横田弘と「青い芝の会」行動綱領』（現代書館、二〇一七年）を参照のこと。

＊4　ＣＰ女の会編著『おんなとして、ＣＰとして』ＣＰ女の会発行、一九九四年、一〇頁。

＊5　前掲『差別されてる自覚はあるか』二八六頁。

4　生きのびるための表現

情念の残り火

「心病む人」のアートを「観る／観せる」こと

二〇〇九年から、「心のアート展」という展示会が、概ね隔年で開催されている。東京精神科病院協会が主催するアート展で、同協会に加盟する精神科病院に入院・通院する人たちのアート作品を広く社会に向けて展示することを主旨としたものだ。

私も外部からの研究者として、このアート展の実行委員を務めている。毎回印象的な展示会になるのだが、二〇一一年に開催された第三回展「生命の光芒——再生と律動」(アーツ千代田３３３１、一〇月二〇〜二四日)は、二つの意味で特別な回になった。

一つは、東日本大震災の起きた年ということもあって、いろいろと思い悩みながら開催したこと。そしてもう一つは、堀井正明という人間と、彼の作品に出会えたこと。

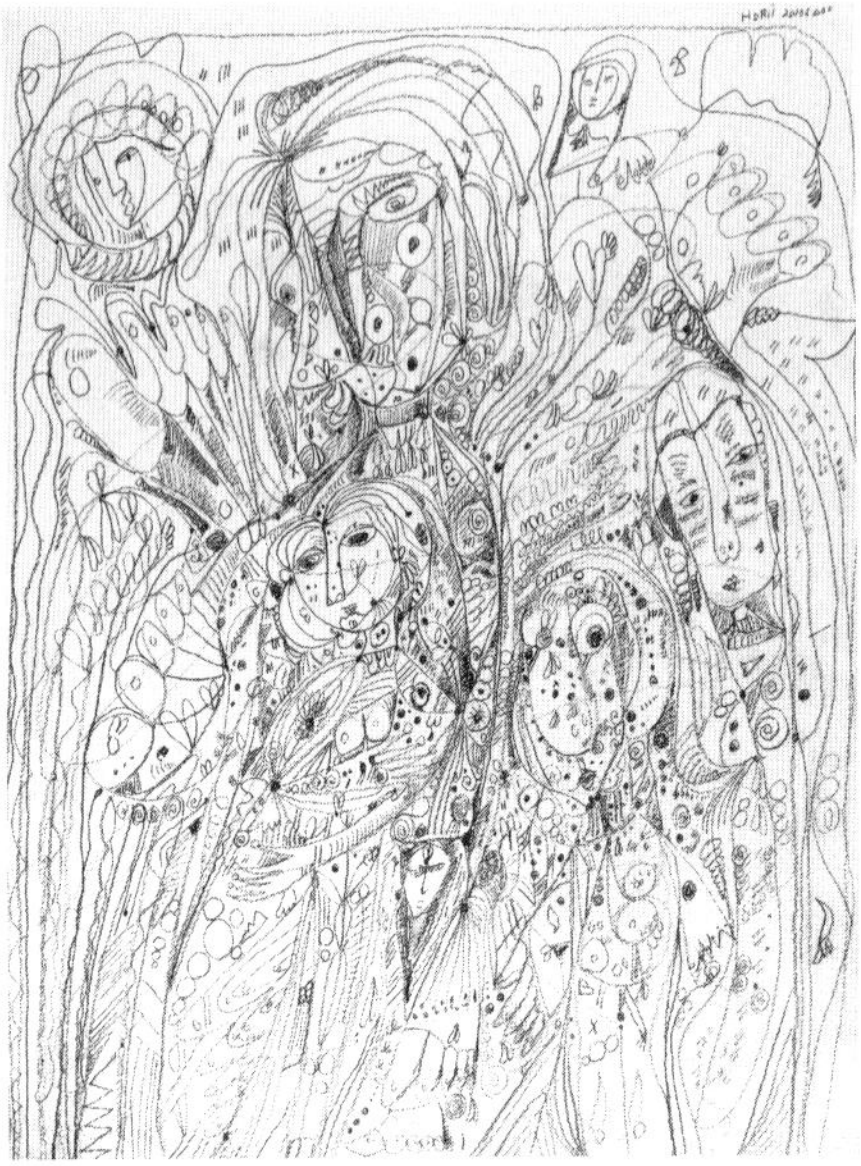
図１　「無題」鉛筆 41×32 cm

第三回展の審査のために、堀井は長らく入院している病院内で描きためた作品郡から数冊のスケッチブックを送ってきた（当初は「H・M」というイニシャルでの応募だった）。それらの全頁には、人間と自然の万物が境目なく溶け合い、支え合い、反目し合うような、不思議で濃密な作者の宇宙観――いわば「堀井曼荼羅」――が描かれていた。作品のすばらしさにも驚いたけれど、それらを病院内で延々と大量に描き続けてきた人間の存在自体にも驚いた。私の掌には、あの時スケッチブックをめくるたびに突き刺さってきた衝撃が、いまも皮膚感覚として残っている。

自作の展示を観るために、堀井は病院職員とともに電車を乗り継いでアーツ千代田に来場した。線が細く、物静かで、予想していたよりも高齢に見えた。たしか私から一言話しかけて、堀井が一言うなずいてくれたような記憶がある。

慣れない遠出に疲れたのか、会場にいた時間は長くはなかったが、フリースペースに座って、よどみなくコラージュを一枚作っていった。

その堀井は、二〇一四年の夏、入院する都内の病院で亡くなった。その後、堀井が実家で描きためていた作品が相当数存在することがわかり、彼を担当していた病院職員と、心のアート展実行委員とで作品を引き取り、実姉から詳しい話を聞かせてもらった。

実家に遺されていた膨大な量の作品からは、堀井の「情念の残り火」さえ感じられた。実姉は弟の人生を「絵が生きることのすべてだった。絵しかない。そういう人生だった」と振り返ったが、家を埋め尽くさんばかりの作品や画材類は、文字通り「絵と共に生きるしかなかった人間」の苦難を物語っていたように思う。

堀井が亡くなった翌年、「第5回　心のアート展　創る・観る・感じるパッション――

図２　「夏さかり」油彩　F100号

受苦・情念との稀有な出逢い」が開催された（東京芸術劇場五階　ギャラリー1、二〇一五年六月一七〜二一日）。この展示会で、堀井という表現者が存在したことを広く知ってほしいとの思いから、「堀井正明特集展示」が企画された。

堀井が自宅や病院で描きためた作品をまとめて展示できることは、私にとって天恵ともいうべき仕事だったけれど、それと背中合わせの「やりきれなさ」もなかったわけではない。

こんなことは当たり前なので殊更に書くまでもないが、「心の病」は辛くて苦しい。それは本人ばかりでなく、本人を想う家族や周囲の人びとにとっても同じだ。

本人も病気を怨み、病気になった自分を怨む。周囲の人びとも病気を恨み、場合によっては病気になった当人を疎ましく思うことさえある（「心の病」をもつ人の中には、そもそも「人間関係」と呼べるような関係性自体を奪われている人も少なくない）。

その一方、病気・病人と生きることは、「人と人が共に生きるとはどういうことか」といった、日ごろ省みることのない問いを噛みしめる貴重な契機ともなる。悩みなく健康に働き続けることとは異なる、人生のきらめく破片を知る好機ともなる。

とは言うものの、こんなこともやはり「きれいごと」なのであって、苦難の渦中にいる人びとにとって病気はただただ辛くて苦しい。でも、辛くて苦しいけれど、その向こう側には、やはり得がたいものがあると信じたい……。

こんなやりきれないジグザグ道を、とにかく今日一日分を歩き続ける。そして明日もまたこれを繰り返す。病気・病人と共に生きるとは、そういったことなのかもしれない。

「心のアート展」の作業が始まると、毎回このような「やりきれなさ」を凝縮して味わうことになる。例えば堀井の作品からは、圧倒的な心の熱量が感じられる。それに触れることは面白い。でも、その熱量の背後には、彼と彼を支えた人びとの苦労が貼りついている。

こんな熱量に溢れた作品を描いていたとき、堀井の病状はかなり厳しいものだったただろう。周囲の人びとも、生活のすべてを絵に注ぎ込んでしまう彼のことを複雑な思いで見ていたのではないか。そのご苦労をおもんぱかれば、彼が遺した作品を観て軽々に「面白い」の一言を発するには、身を切るような覚悟がいる。でも、身を切ってでも叫びたいと思う。堀井正明の作品は「面白い」。

図３「無題」油彩　F100号

「心のアート展」を続けていると、ときおり堀井のような表現者に出会える。自宅の一室で、病院の一角で、あるいはこの社会のどこか片隅で、絵画・文章・身体表現など、さまざまな表現活動＝「アート」を支えにして、今日という日を生きている人がいる。

そんな映画や小説みたいなことが、実際に、いまもどこかで起こっている。でも、そういったことは忙しい日常に埋もれていて気付かない。アート展というささやかな祝祭は、そんな日常に少しだけ切れ目を入れて、堀井との出会いのような小さな奇跡を運んでくれる。

私は最近まで、そういった埋もれた表現者たちを「励ましたい」「支えたい」と強く思っていたけれど、実は要らぬお節介でしかないことに気が付いた。彼らは別に、私が励ましたり支えたりしなくても、自分にとって大切なことは自分で見つけて、表現し続けるからだ。いまはただ、彼らがいまもどこかで表現できていることを静かに深く祈るばかりだ。

最近、「障害者アート」「アール・ブリュット」「ボーダレス・アート」と銘打って、病気や障害をもつ人たちの作品に重点化したアート展が盛んに開かれている。なかには本当に誠実で感動的な展示会もあり、こうしたアートの裾野が広がることを心から喜びたいと思う。ただ、そう思うのだけれど、やはり同時に「やりきれなさ」が頭をかすめる。

仮に「ボーダレス」と言った場合、その「ボーダー」とは一体どのようなもので、誰が作ったのだろう？　どうして堀井正明はあんなに苦しまなければならなかったのだろう？　それは単に病気のせいだったのだろうか？　社会が彼を苦しめなかったと言えるだろうか？　私たち一人ひとりが、彼と同じ病を抱える人を冷たく遇《ぐう》さなかったと胸を張って言えるだろうか？　そして、そんな苦しみの裂け目から噴出した作品を「面白い」と言ってしまう自分とは何なのだろう……。

「力」のある絵は、技巧の良し悪しを超えて、「面白さ」と「やりきれなさ」という交わらない感情を投げかけてくる。でも、病気や障害と共に生きることは、そういった感情をまるごと抱えて生きていくことだ。実行委員の一人として「心のアート展」は、来場者の一人ひとりと、そうした感情を分かち合い、共に悩み、共に楽しめる場にしていきたいと思っている。

※堀井正明の作品と人生については『第5回 心のアート展 創る・観る・感じるパッション――受苦・情念との稀有な出逢い 図録』(東京精神科病院協会発行、二〇一五年)で紹介したことを付記しておく。

名もなき言葉の断片たち

「〈こと〉としての文学」を読むために

1　消毒された原稿

二〇〇〇年代の初頭、「研究」と称してハンセン病療養所を歩き回っていた頃のこと。療養所生活六〇年を超える古老から、貴重な資料を見せてもらったことがある。四〇〇字詰め原稿用紙で三八枚にわたって綴られた、かつてのハンセン病患者の自筆原稿。旧約聖書の「ヨブ記」をモチーフとしたその長編詩のタイトルは「滾《たぎ》る生命」。擱筆《かくひつ》年月日は記されていないが、その患者のペンネームの遍歴などから推察すると一九三八年頃のものだと思われる。

文学史的にはまったく無名の患者が残した、まったく無名の詩草稿。それだけのことであれば、特に私の記憶には残らなかったかもしれない。しかし、私はいまもこの原稿用紙を手にした時の衝撃を忘れられずにいる。というのも、その原稿の右肩には〈消毒済〉という文字がはっきりと朱書きされていたからである。

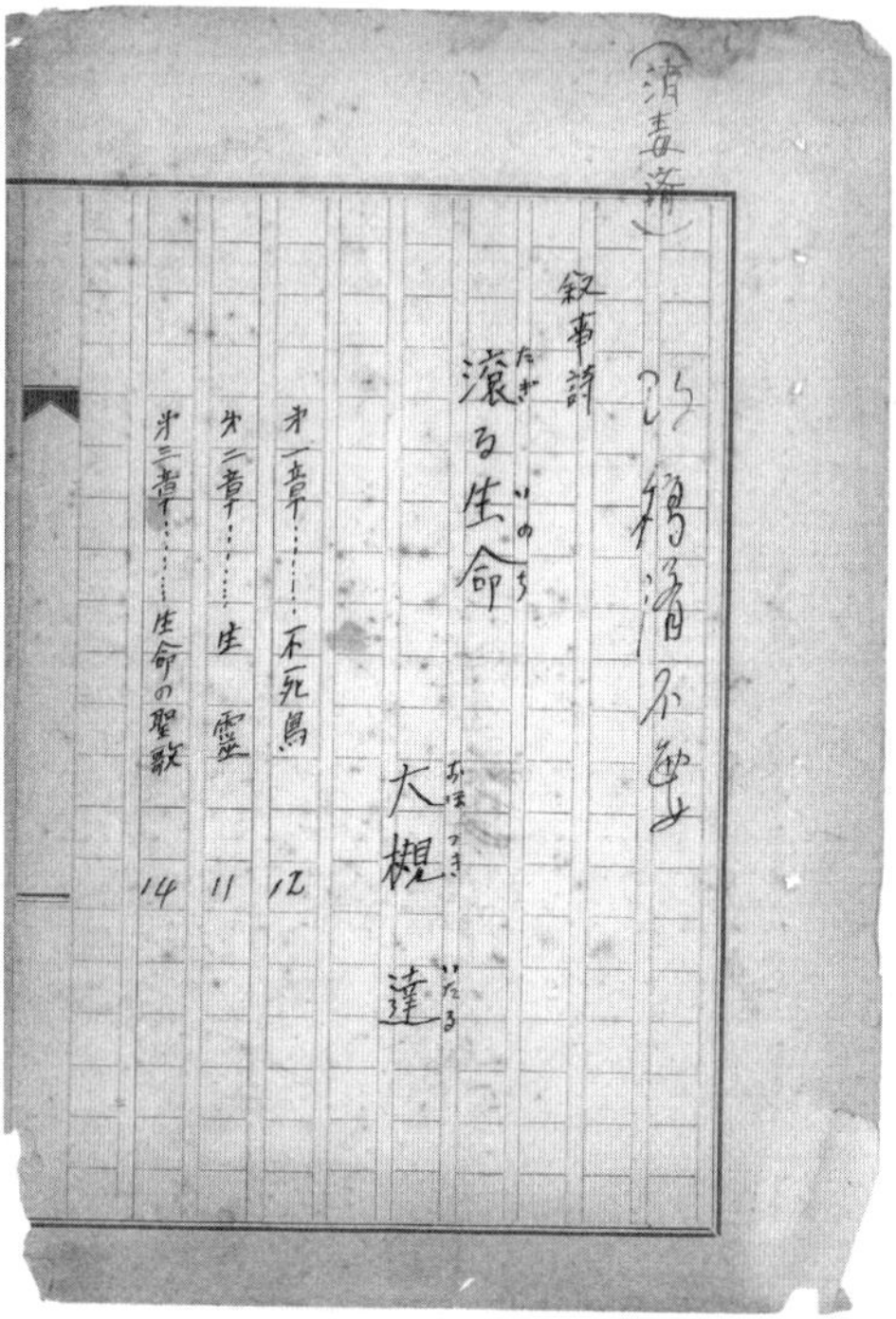

「消毒済」の記入のある原稿用紙

かつて、ハンセン病（癩病《らい》）という病気を患い、療養所に隔離・収容された経験を持つ人にとって、「消毒」という二文字は心の傷と結びついた重い言葉である。北條民雄の代表作「いのちの初夜」（一九三六年）のなかでも、主人公が入所時に消毒液の風呂に入ることを強要され、屈辱感と絶望感に打ちひしがれる様子が描かれている。

二〇〇〇年代以降（特にハンセン病患者に対する隔離政策の違憲性が問われた国家賠償請求訴訟以降）、ハンセン病回復者たちの体験記類が数多く出版されたが、それらにも消毒にまつわる証言は多い。筆者が個人的に聞いた範囲でも、療養所へと向かう道中、自分が歩いた後ろを衛生服に身を固めた保健所員が消毒液を散布しながらついてきたという証言もある。まるで自分の存在自体が「病菌」のように扱われた、屈辱的な体験だったようである。

隔離の根拠法となっていた「癩予防法」（一九三一年）には、〈病毒ニ汚染シ又ハ其ノ疑アルモノ〉の〈消毒若ハ廃棄〉が定められており、そこには〈古本、紙屑〉の類まで含まれている。当時「癩病は電車のつり革からも伝染る」とさえ思われていたようで（この迷信に医学的根拠はない）、患者が手にした手紙や金銭も消毒されたという。

インクの染みた紙類をどのように消毒するのか、長らく疑問であったのだが、どうやら「真空フォルマリン消毒器」なる器具を使うらしい。[*1] 耐圧性のガラスケースに物品を入れ、なかを真空状態にする。そこにフォルマリンを注入すると瞬間的に気化されて消毒を行うことができる。神山復生病院（静岡県御殿場市）の資料室で「消毒器」の現物を見た時、長年の疑問が解消した。そういえば、川端康成のもとに届いた北條民雄の手紙にもフォルマリンの匂いが染みついており、居合わせた志賀直哉が逃げ出したという話がある。*2

先の「滾る生命」という詩を書いた患者は、どうやら原稿を外部に送ろうと考えていたらしい。どこかの文芸誌に心当たりでもあったのか。あるいは、投稿という形で扉を叩こうとしたのか。推測はひとまず置くとしても、この患者が「消毒」という屈辱的な扱いを受けてまで詩を綴り、誰かへ届けたいと思っていたということは確かなようである。閉ざされた療養所での創作というと、ひどく孤独な営みを想像してしまうのだが（そしてその想像はある部分正しいのだが）、その根底では、どこかで、だれかと繫がりたいという切実な思いが脈打っていたのだろう。

先の古老が保管していた資料は、この原稿用紙だけではない。詩の推敲でびっしりと文字が綴られた紙切れや、自作の俳句が綴られた半紙をこよりで綴じたものなど、その方の「資料保存」への執念は極めて些細なものにまで及んでいた。かつての療養所の生活はひどく貧しく、紙は貴重品だったらしい。当の古老によれば、患者たちは薬包紙などの紙片を捨てずに、丁寧に伸ばしては、詩・俳句・短歌などを綴っていたようである。

そういえば、被爆者の大田洋子は障子の破れ紙に原爆文学の記念碑的作品『屍の街』

（一九四八年）を綴ったというエピソードがある。どうやら、ある苦境に置かれた人にとっては、文字を綴るという至極単純な営みが特別な重みを持つことがあるらしい。

2　ボールペンが支えた文学

同じようなエピソードをもう一つ。

身体障害者たちによって創刊・運営された文芸誌の歴史を追いかけていた頃のこと。「文学がライフワーク」と言明する重度障害をもつ人物に、「文学人生で最大の出来事は？」という質問を投げかけたことがある。「文学」にまつわる質問なので、漠然と内面的で形而上的な答えが返ってくるものと期待していた私は、「ボールペンが手に入ったこと」という即物的で形而下的な返答に驚いたのだが、その後の説明を聞いて納得するとともに、自分の不勉強を恥じたことを覚えている。

「脳性マヒ」という障害をもつその人にはアテトーゼ（不随意運動）という症状があり、四肢の運動を自由にコントロールすることができない。無理に動かそうとすれば緊張で不要な力が入ってしまい、万年筆はペン先が割れ、鉛筆は紙に押し付けた先から芯が折れてしまう。自分には皆のように文字を綴ることなどできないのだろうと諦めていた時、ボールペンが登場した。筆圧をかけても折れず、こすっても滲まず、耐久性もある。まさに自分のための筆記具だとさえ思い、その後の人生が劇的に変わったのだという。

いまよりも福祉制度が整っていなかった昔、重度障害者が置かれた境遇は大変厳しいものだった。特に在宅で家族（主として母親）に介護を頼らざるを得ない障害者たちのなかには、「家族介護」特有の閉塞感を証言する人も少なくない。食事から排泄まで介護者の顔色をうかがい、外出もできず、時には「私が死ぬ時はお前も連れて行ってあげる」と真顔で言われることもある。それは「麗しい親子愛」の一言では済まない苛酷な生活だったことだろう。

介護者（母親）は「障害児を生んでしまった」という責任感から、わが子の人生すべてを背負い込もうとする場合がある。子どもを「かわいそう」と思う気持ちが強すぎるがゆえに、介護される当事者（子）からは「過干渉」「親の支配」と受け取られてしまうような行動をとってしまうのである。日本の障害者運動は、母親の誠実な「愛」を断ち切ることが「自立」の第一歩だと主張した。「母よ！　殺すな」（横塚晃一）、「我らは愛と正義を否定する」（青い芝の会行動綱領）というスローガンが象徴的だろう。

この方からは、一九四七年に「創刊」したという手書きの回覧文芸誌を見せてもらったことがある（「創刊号」は散逸していたため、実際に見たのは一九五〇年代半ばのもの）。同じような境遇の障害者たちと文芸同好会を結成し、郵便で回覧したのだという。この回覧誌に参加していた障害者たちにとって、この雑誌は唯一、日ごろの不平不満や怒りを表現できる場であり、また家族以外の人間と繋がれる場であったのだろう。

時代を思わせる粗悪な紙に綴じられたそれは「雑誌」というよりも「紙の束」と言った方が実態に近く、独特の存在感を備えていて、実際にページをめくった時は、ハンセン病患者たちが残した紙片類を前にしたときと同じくらいの衝撃を受けたものだった。

さて、かなり前置きが長くなったが、ようやくこの章のテーマが見えてきた。

ハンセン病患者たちが残した数々の紙片、そして在宅障害者の手書きの回覧誌（以下、便宜上「紙片類」とまとめて表記）。それらは社会に対して何らかの影響を及ぼすようなこともなければ、読むことを通じて快楽を得られるようなエンターテイメント的要素もない。社会の片隅で（むしろ「社会」なるものの外側で）、名もなき人々が綴った、名もなき言葉の断片である。

これらを前にして、私は一つの単純な、しかし大きくて難解な問題に直面した。そもそも私は、これらの「紙片類」を「文学」と呼ぶことができるのだろうか。「日本近代文学研究」という学問領域に所属してきた者として、何を研究に値する「文学」とし、何をそのような「文学」としないのか、その価値観が大きく揺れ動いたのである。

3　文学の〈もの〉と〈こと〉[*3]

この章の目的は、「文学」という概念が近代日本のなかでどのように形成されてきたのかを論じることではない。そもそも、そのような問いに答えることなど私には到底不可能である。ただ、これらの「紙片類」が現状の「文学研究」では正統な関心対象にならないだろうということは指摘できる。

だとすれば、これらをあえて「文学研究」という営みの対象にし、何事かを学ぶためには、私自身のなかの「文学」という概念を大きく組み替えなければならない。では、どのように組み替えていけば、これらの「紙片類」を学びの対象としてすくい取ることができるのだろうか。

思えば、これまでの「文学研究」は「〈もの〉としての文学」を対象としてきたのではないか。対して、私はいま「〈こと〉としての文学」に目を向ける必要性を感じている。

いまだ生硬な概念であり、かなり乱暴な整理になると思うのだが、現時点で説明し得る範囲のことを述べておくと次のようになるだろう。

「〈もの〉としての文学」とは、誰もが共有し得る（すべき）〈もの〉として、社会のなかで一定の文化的価値を付与された文学のことである。簡単に言えば「作家」の手によってなされ、「文壇」や「文学史」を形成し、「文学市場」に流通してきた文学のことである。それらの多くは『作品集』や『全集』という形で物理的な形態が備えられ、図書館などにも備えられているので、誰もが手に取って読むことができる（読むべき）〈もの〉としての側面を有している。

また、ここでいう〈もの〉とは、有意性や具体性の隠喩でもある。概して、それらの文学は読者の情動を刺激するための趣向が凝らされていたり、文学史上における特異な技法的試みが意図されていたり、場合によっては時節に適った政治的・社会的なメッセージが込められていたりする。つまり、表現された言葉の織りなす世界が自立しており、読者はそれを鑑賞したり、享受したりすることができる。

対して「〈こと〉としての文学」とは、表現の「営み」としての側面や、あるいは表現が生みだされるに至った「状況」「文脈」「出来事」などを重視した概念である。例えば先の「紙片類」は、かつての患者や障害者たちが「何らかの表現をしたこと」の痕跡を留めているのであり、また「表現せざるを得ない状況があったこと」を証明している、ということができるだろう。「表現という営み」にも、「表現せざるを得ない状況」にも物理的な形はないので、〈こと〉という奇妙な用語で表記している。

また、〈こと〉とは曖昧さや抽象性の隠喩でもある。先のハンセン病患者にせよ、身体障害者にせよ、その文字を綴っている最中は「どう面白く読ませるか」「果たしてこれが読者に伝わるだろうか」などとは考えなかったのではないか。むしろ、その時の感情や衝動のままに手を動かしてみた、というほうが実態に近かったのだと思われる。そのように綴られた言葉が織りなす世界は、一つの自立したものとして鑑賞したり、何らかの明確なメッセージを受け取ったりすることは難しい。

加えて、〈こと〉とは表現者の希少性も想定した概念である。上記のような患者や障害者にとっては、「文字を綴る」こと自体が決して容易ではなかった。その理由には「教育機会からの疎外」、「施設や家族からの検閲や妨害」、「筆記に耐えない身体的障害」、「その障害を補う筆記具の不足」などが挙げられるだろう。だとすれば、そのような困難な状況のもとでも、なお「表現する人がいたこと」や、そのような「苦境にある人物が表現したこと」には特別な意味があると言えるだろう。

4　「表現していること自体」を受け止める

何故に「〈こと〉としての文学」という奇妙な概念を設定してまで、名もなき人々の小さな「紙片類」について考えなければならないのか。本章がエッセイであることをお断りしたうえで、甚だ大仰な指摘を許していただけるのであれば、次のように言うことができるだろう。

すなわち、文学の〈こと〉としての側面に注目することによって、「文学表現が人間の生命を下支えする」ような、まさしく「表現の力」とでも言うべきものの一端を垣間見ることができるように思われるからである。

上述した「紙片類」に綴られた文字。あるいは、患者や障害者たちの文芸同人誌など。それらに掲載された小説や詩を読んでいると、「何を表現したいのか」「何を伝えたいのか」が明瞭でなく、容易に「解釈」できないものに出会うことが少なくない。[*4]

それらからは綴り手の置かれた過酷な境遇を反映しているのであろう、ある種の「辛さ」「苦しさ」「閉塞感」は漠然と感じられるのだが、極端に紋切型な表現であったり、逆に過度に抽象的な言い回しがなされていたりして、その「苦」がどのような性質のものであり、何に起因し、表現者がどうしたいのか、といった点が判然としないものが多い。しかし、実はこの「判然としないわからなさ」や「辛さ、苦しさ、閉塞感が漠然と感じられる」という点こそ、「〈こと〉としての文学」の本質的な部分である。

人が経験する「苦」には、おそらく異なる二つの位相が混在しているように私は思う。一つは、その内実や原因を本人が把握し、「なぜ苦しいのか」「どのように苦しいのか」「どういった手助けが必要なのか」といった事柄を明確に説明できるような「苦」である。こちらを仮に「苦しみ」の位相としておこう。

対して、内実や原因が本人にもはっきりとは分からず、その詳細について説明することもできないような「苦」というものも存在する。それは、過度の痛みが「痛い」という叫び声さえ封じてしまうように、直面している「苦」が深刻すぎて明確に言語化できないような場合もあれば、「いじめ」「差別」「ハラスメント」のように、「苦」の内実を表現することで報復を受けてしまうために表現できないこともある。このような「苦」を仮に「苦しいこと」の位相としておこう。

人は具体的に表現できない「苦」を抱えた時、それでも自分の苦境を誰かに伝えずにはおれない時、様々な仕方で「苦しいこと」を表現しようとするのではないか。言い方を変えれば、「表現の内容」を伝える（「ことば」を聞いてもらう）という形ではなく、「表現しているということ」を伝えて中身は察してもらう（「こえ」を聞いてもらう）という形での表現というものも、あり得るのではないか。

私が関心を持っているのも、実はこの「苦しいこと」の表現である。先の「紙片類」に綴られた「辛さ、苦しさ、閉塞感が漠然と感じられる」ような表現は、まさしく、「苦しいこと」の表現の痕跡だったように思われる。それは論理的で合理的な言葉を駆使して他者へと的確な情報を伝える表現ではなく、むしろ「表現していること」自体を受け止めてもらうことによって他者との関係性を構築しようとする表現であると言えるだろう。

5 「苦しいこと」から「苦しみ」へ

日本という社会の中では、病者や障害者たちの「苦しいこと」の表現を文学が支えてきた、というのが私のささやかな説である。文学という形態を借りた「苦しいこと」の表現が、病者や障害者たちの生の尊厳に深く関わってきたと換言してもよい。具体的に言うと、文学が「人権闘争」「患者運動」「障害者運動」といった種々の当事者運動の源泉となってきたのである。最後に、このような「文学と運動」の関係性をスケッチして、「〈こと〉としての文学」の（現時点で示し得る）可能性について考えてみたい。

欧米の障害者運動がユダヤ・キリスト教の「告白」の文化に起源をもち、語り合うことを通じて発展してきた〈語る・まじわり〉であったのに対し、日本のそれは伝統的な「身辺雑記」の文化に起源をもち、機関誌や同人誌などに心情を綴りあうことで発展してきた〈綴る・まじわり〉だったと指摘されることがある。*5

右に引き合いに出してきたハンセン病患者と脳性マヒ者は、この〈綴る・まじわり〉の典型的な事例であるのだが、それ以外に目を転じても、たとえば結核患者を中心とした「日本患者同盟」(略称「日患同盟」)の闘いから、一九七〇年代にラディカルな主張を展開したウーマン・リブに至るまで、「マイノリティ」の立場から提起された社会運動は、多くの場合、機関誌・同人誌・ミニコミ誌などの紙媒体によって組織が形成・維持される〈綴る・まじわり〉によって支えられていた。

興味深いことに、それらの紙媒体には政治的な主張の表明や事務的記事だけではなく、個々人の感情が吐露された詩・小説・エッセイなどの文学作品もしばしば目にすることができる。社会運動は被抑圧者の置かれた境遇の不当性を訴え、生存権を獲得し、生活の向上を図るものであるから、その主張の表明は世論の支持が得られるように、合理的で明快であることが求められる。したがって「大衆」への浸透性が高い文学がプロパガンダとして機関誌類に登場することは想像に難くない。

しかしながら、実際に誌面に現れた文学作品には、政治的主張を展開するわけでもなく、何らかの問題の解決を求めるわけでもなく、ただ個人の心情が（しばしば極端に抽象化された形で）吐露され、どのように解釈すればよいのか困惑せざるを得ない作品も少なくない（容易に解釈できないプロパガンダなどプロパガンダではない）。

そもそも社会運動は、該当する社会の中で不利益を被り、苦しむ当事者たちが「生きていくため」に引き起こすものである。しかしながら、「生きていくため」の主張をするには、そもそも「自分は生きるに値する人間である」という根源的な自己肯定感が不可欠である。先に紹介したハンセン病患者や脳性マヒ者たちにとっては、〈苦しいこと〉を綴り合うことが、このような自己肯定感を得るために必要な営みであったのだろう。

論理的にも合理的にも説得的にも言語化できない「苦しいこと」は、沈黙して耐え忍んでいる間は孤独な痛みでしかない。しかし、ともかくも文字にして綴り合い、分かち合うことを通じて少しずつ自己のうちに消化され、他者に助けを求めたり、時には告発したりできるような「苦しみ」へと変わっていく。病者や障害者らの文学活動の歴史を追っていると、自己肯定感を得るための第一歩とは「自分は孤独ではない」という実感を抱くことではないかとさえ思われてくる。

結成して間もない組織で、まだ運動の方向性も定まり切らずにいるような障害者団体の機関誌類には、文学作品（特に詩や俳句・短歌などの短文学）が比較的多く見受けられるのだが、運動体が成熟して目的が明確化し、組織も洗練されていくにしたがって、機関誌に登場する文学作品の比率も落ちてくるという現象がしばしば見られる。[*6] これなどは「文学と運動」の関係性そのものを象徴的に表しているように思われる。

つまり、日本の障害者運動というのは、文学を通じて「苦しいこと」を綴り合い、互いに自己肯定感を醸成していくような営みを深層的基盤としつつ、その上に「苦しみ」を訴えて種々の問題を解決しようとする政治的な営みが積み重ねられた、二重構造を基本形として発展してきたのではないか。その表層部分については、例えば「福祉学」や「障害学」といった領域において実に詳細に検討・分析されてきたのだが、深層部分については、いまなお十分に語られてはいないように思われる。

「〈こと〉としての文学」という概念は、まだ誰も言葉にし得てない、その深層部分を掘りおこすための一つの重要な視点になり得るだろう。

6　生きることを下支えする

以上、非常に乱暴な形ではあるが、「〈こと〉としての文学」の可能性について、現時点で示し得る可能性について考えてきた。

そもそも「文学研究」なるものは、「言葉の力」を信じなければ成立し得ない。しかし、ある言葉に価値や尊厳を認め、真摯に研究すべき「文学」として受け止めるか否かは、その言葉そのものの問題というよりも、研究する者の想像力と感受性に関わる問題ではなかろうか。

一枚の紙切れに綴られた、それ自体では明確な意味を成さず、何の価値も持たない言葉の断片が、いつか、どこかで、だれかの「生きること」を下支えしたかもしれない。綴られた文字の背後に広がる様々な〈こと〉への想像力と感受性をもって、「文学研究」の新たな可能性について考えていきたい。

註

＊1　内田守人『生まれざりせば』春秋社、一九七六年、一〇頁。

＊2　高山文彦『火花――北条民雄の生涯』角川文庫、二〇〇三年、一四〇頁。

＊3　以下、本章の〈もの〉と〈こと〉の概念は、精神科医・木村敏の有名な議論（『自覚の精神病理――自分ということ』紀伊國屋書店、一九七八年など）に発想のヒントを得てはいるが、造形作家・安彦講平（本書「はじめに」参照）の実践からも強く影響を受けている。そのため、引用ではないが〈　〉で強調することを付言しておく。詳しくは、拙書『生きていく絵――アートが人を〈癒す〉とき』（亜紀書房、二〇一三年）第三章を参照のこと。

＊4　エッセイという都合上、実例を提示できないのだが、ご興味のある方は次の拙書を参照されたい。これ以降の記述も基本的には同書の成果を踏まえたものである。『障害と文学――「しののめ」から「青い芝の会」へ』現代書館、二〇一一年。『隔離の文学――ハンセン病療養所の自己表現史』書肆アルス、二〇一一年。『生きていく絵――アートが人を〈癒す〉とき』亜紀書房、二〇一三年。

＊5　岡知史「日本のセルフヘルプグループの基本的要素「まじわり」「ひとりだち」「ときはなち」」『社会福祉学』三三巻二号、日本社会福祉学会、一九九二年、一一八～一三六頁。

＊6　この典型的な事例としては、日本の障害者運動に多大な影響を与えた「日本身体障害者友愛会」（岡山県、有安茂・代表）の機関誌『友愛通信』（一九五四年創刊）が挙げられるだろう。

アートへの〈希待〉

「丘の上病院」という試み

文学やアートは何の役に立つのか——。

幾度となく問いかけられてきたけれど、この種の問いに答えるのはいつも難しい。こうした質問の多くは、「社会を成立たせているもの」に対して「文学やアートはどのように貢献できるのか」という点に重心が置かれているからだ。

しかしながら、文学やアートは、そもそも「社会を成立たせているもの」自体を問いなおすことにこそ意味があるように思う。「前提」自体がずれている一問一答は、なかなかどうして噛み合わない。

「社会を成立たせているもの」は普段、目には見えない。見えはしないのだけれど、確実に、誰かに対して深刻な「生きにくさ」を押しつけている。そうした「生きにくさ」に対して、「生きにくい自分」が生きることを通じて抗う営みこそ、文学やアートなのだと思う。

本章では、そうしたアートの可能性について、ある精神科病院の試みをもとに考えてみたい。

丘の上病院 外観（同院の文化祭「丘の上祭」の様子）安彦講平氏提供

「精神科医療」への批判的視点を持ち続ける精神科医の森山公夫は、日本の「精神科医療史」を次のように振り返っている。いわく、西欧では「精神病者」に対する隔離主義と治療へのニヒリズムが一九世紀後半からの一〇〇年という歳月をかけて出来上がったのに対し、日本はその一〇〇年を一九六〇年代からの二〇年間に圧縮した形で経験したというのである。[*1]

その急激な「近代化」の悲惨な帰結が、たとえば大熊一夫が『ルポ・精神病棟』（朝日新聞社、一九七三年）のなかで描き出したような「精神科医療」の姿だったのかもしれない。

日本の「精神科医療史」のなかに反省すべき闇が存在したことは否定できない。しかしながら、なかには真摯に患者を思い、わが身を顧みず尽力した医療者たちも存在したことを思うと、その歴史が闇一色に塗りつぶされたものだったとも断言しにくい。

事実、一九七〇年代頃からは、心ある医療者たちが従来の医療体質を反省し、改革に向けた取り組みをはじめることになる。本章で紹介する「丘の上病院」も、その一つである。

一九六九年、都心のベッドタウンとして開発され始めた東京都八王子市の小山の上に、ホテルと見まがう瀟洒な病院が開院した。それが「丘の上病院」である。現在では完全な住宅街となったその地も、当時は薄《すすき》と雑木林が生い茂る静かな高台であった。

患者一人ひとりに行き届いた看護を徹底するために、開院時の病床数はわずか五五床。当時の「精神科病院」は通常二〇〇～三〇〇床なければ経営が成り立たないと言われ、なかには五〇〇床を超える病院も存在していたことを考えると、異例に小規模な病院だったことがわかる。

周知のとおり、日本は一九五〇年代後半から高度経済成長期に突入する。国民の生活水準は急上昇し、便利さと豊かさを謳歌していくことになるのだが、その反面、経済活動の最前線に立つサラリーマンや、その夫を支える主婦たちの中に「ノイローゼ」や「神経症」を患う人々が急増することになる。

「丘の上病院」の主たる通院者・入院者はこのような事情を有する人々であり、創設者自身「ノイローゼ病院」であることを自認していた。いわば戦後日本の輝かしい「成長」の裏側を見続けた病院だったと言えるだろう。

「丘の上病院」は、日本の「精神科医療史」のなかでも、極めて独創的な試みをした病院であったように思われる。例えば、同院は日本で最も早い時期に「二四時間完全開放制」を採用した病院の一つであった。当時は常識であった「塀」「檻」「鍵」はなく、玄関は常に開放され、病室は個室か少人数の部屋が中心であった。患者に渡された「入院の手引き」には「患者同士の恋愛は自由」とさえ書いてあったという点に、その徹底した「開放主義」への矜持が窺《うかが》える。

また、スポーツやアート活動など、レクリエーションを本格的に「心の治療」に導入した病院としても、日本で最も早い事例の一つに挙げられる（実は本章が最も強調したいのもこの点である）。患者たちは病院に付設されたテニスコートで汗を流し、近くの河川敷にソフトボールの練習に出向いては、日が暮れるまでボールを追いかけていた。

また「造形教室」（造形作家・安彦講平主宰）では、一〇〇号を超える油絵や、玄関ホールに据えられた巨大なタイル壁画、あるいは三〇分を超える長編影絵などの力作が制作されていた。夕食後にはデッサン教室や名画・名曲を鑑賞する芸術サロンなども開かれ、そこには勤務を終えた医師や看護師たちも加わり、医療者と患者との間に立場を超えた密な交流があったという。

ほかにも同院が特異であった点はいくつも挙げられる。通常の病院が機能性（死角が生まれず、医療者の動線を最小限に抑える）を重視して設計・建設されているのに対し、「丘の上病院」は医療者・患者ともに歩き回らなければ生活できない構造（いわゆる「バリアアリー」構造）をしていた。「病院」らしくない構造は、設計担当者が「入院患者が家族と記念撮影をする場所を作れなかったのが心残りだった」とこぼしたという点にも表れている。

医療者と患者が協働して発行していた院内文集『ひよどりの里』（写真）には、多くの生活記録や文芸作品（エッセイ・詩など）が掲載され、また院内紙『Hill Top Times』には、入浴時間から食事のメニューに至るまで、患者対医療者の激しい「交渉」の様子も記録されている（時代柄もあり学生運動を経験した患者も多かったようである）。

しかしながら、「完全開放」という理想を実現するためには、多くの弊害も生じたようだ。心に問題を抱えた患者を「管理」「隔離」するのではなく、「人間」対「人間」として信頼関係を構築するために、医療者たちに強いられた努力は並大抵のものではなかったという。

入院に関しても重症者を受け入れることが難しく、また、少人数の病室は病院の経営を圧迫し、差額ベッド代を徴収しなければならず、入院費は他院に比べてかなり高額であった。

そのため、丘の上病院は生活保護の患者は受け入れられず、他の病院からは「あそこは高所得の軽症患者しか受け入れない」との批判も寄せられた。しかし実際には、病院経営は常に苦心の連続だったという。

一九九五年、「丘の上病院」は多くの患者や職員たちに惜しまれつつ、その短い歴史の幕を閉じることになる。同院の歩みは、「完全開放」の病院を創るという崇高な理念と、苦しい経営や日々の職務の厳しさといった現実との間で生じる苦難と葛藤の連続であった。

しかし、そこでは恵まれたスタッフ陣のもと、現在から見ても驚くほど前衛的な試みがなされていたことが窺える。その重要性に鑑みて正確に表現すれば、「丘の上病院」は「新しいことを試みた病院」なのではなく、むしろ「病院自体が試みだった」とさえ言えるだろう。

残念ながら、「丘の上病院」という試みの特異さに比べて、同院の知名度は決して高くはない。「社会福祉史」や「精神科医療史」を専門に学ぶ人々の間にも、「丘の上病院」という名前はほとんど知られてはおらず、跡地には記念碑さえない。「丘の上病院」に勤めたレクリエーション担当の元職員は、同院の歴史を次のように振り返っている。

丘の上病院の26年間の挑戦は、一見、人間の善性や自己治癒力、そして内在する可能性への無条件な希待にもとづく、極めてロマンティックな取り組みであったかのように言われることがある。[*2]（傍点は引用者による）

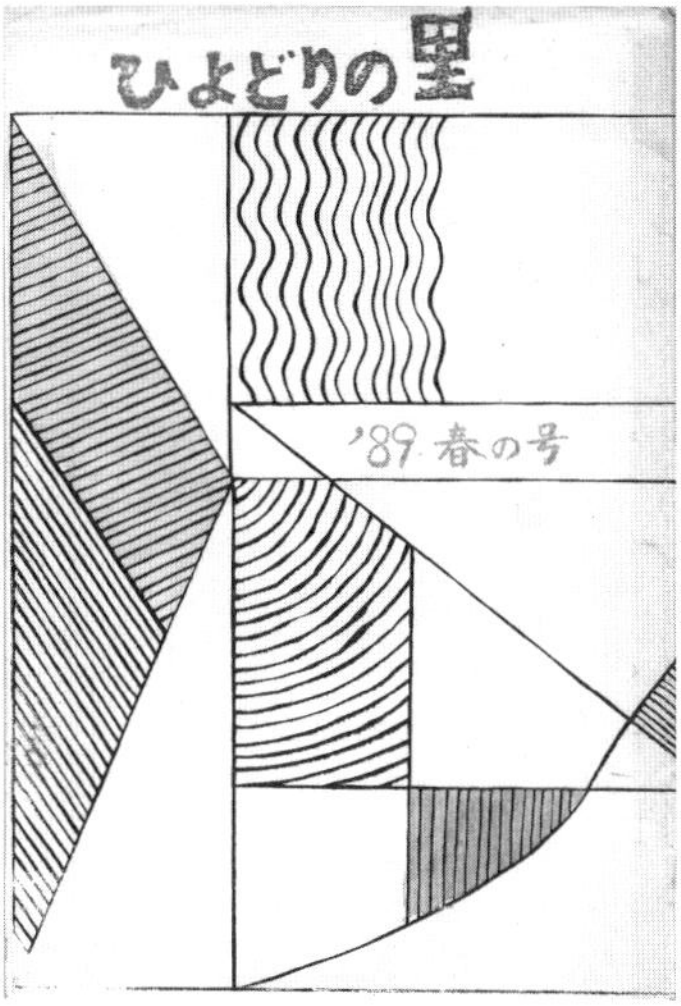

『ひよどりの里』（丘の上病院文集）

現代社会のなかで一番欠落してしまったのは、もしかしたら、この「ロマン」なのかもしれない。福祉や教育という人間を扱う現場においても、数値化できる「成果」や、確実な「費用対効果」の見積もりを求められることが多くなってきた。

それと並行して、信や義といった私的な感情に支えられていた関係性が居場所を失い、「専門性」や「資格」といった客観的な指標に支えられた関係性にとって代わられつつあり、いつしか私たちは、人間の〈善性〉〈自己治癒力〉〈可能性〉を無条件に信じてみようという態度（＝〈希待〉）を失ってしまったのではないか。

本来、このような「ロマン」を培い、「人間」への信頼感を育むことこそ、アートが社会に対して果たし得る重要な役割なのである。「丘の上病院」は、本気でそれを成し遂げようとした。残念ながら、その試みは完結することはなかったが、しかし、その思想的水脈が完全に途絶えてしまったわけではない。

一九九五年の閉院後、同院の「造形教室」は、同じ八王子市内の精神科病院「平川病院」に舞台を移し、その小さな（しかし貴重な）明かりを灯しつづけている。この「丘の上病院」から「平川病院」へと続く「造形教室」の試みは、「精神科病院」を舞台にアートで心を癒そうとした希有な試みとして、しっかりと記憶されてよいだろう。

（本章は、「丘の上病院」元職員・元入院者の方々からいただいた貴重な証言をもとに執筆しました。ご協力くださった皆様に、心より感謝申し上げます。）

註

＊1　森山公夫「精神医療の変革に向けて」吉田おさみ著『〝狂気〟からの反撃』新泉社、一九八〇年、所収。
＊2　平川病院〈造形教室〉編『追憶――丘の上病院』二〇一一年、二七～二八頁。

「自己表現障害者」たち

「自己表現障害者」

この言葉を思いついたのは、二〇〇九年のことだった。

当時、大学院の博士課程に所属していた私は、縁あって東京精神科病院協会（以下、東精協）が主催する「心のアート展」に携わることになった。

「心のアート展」は、都内の私立の精神科病院に入院・通院する人たちのアート作品を対象とした公募展である。アート展運営の中心を担っている平川病院〈造形教室〉の安彦講平さん（造形作家）や、宇野学さん（〈造形教室〉スタッフ）と知り合い、その独自の活動に惹かれ、雑用係のようなかたちで参加させてもらったのだった。

第一回「心のアート展」のテーマは「生命からのこもれ日——無形の営み、有形の結実——」（二〇〇九年二月二四〜二六日）。会場は池袋駅至近の東京芸術劇場（五階展示ギャラリー）だった。何もかもはじめての試みで、試行錯誤の連続だったけれど、東精協加盟病院（特に作業療法やデイケアの部署）からは、多くの作品が送られてきて、充実した展示会になったように思う。

準備期間中、作品が一点、また一点と送られてくる度に、アート展運営スタッフたちの中に、いままでにない絵画展を作り上げようという熱意と、膨大な作業をこなさなければならない疲労とが蓄積していった様子を、まるで昨日のことのように覚えている。

「心のアート展」第一回展の会場では、「観覧者参加型」の展示会を目指して、一つの企画を試みた。会場の一角に「お絵かきスペース」を設け、色鉛筆などの画材を並べ、来場者に「自分の心のイメージ」をポストカードに描いてもらうというものだった。

会期中、手伝いで会場に詰めていた私は、なんとなく流れの中で、来場者に「心のイメージ」を描いてもらうよう話しかける役割になっていた。

ふらりと会場に入って来た観覧者に対して、いきなり「あなたの心のイメージを描いてください」と依頼するのも唐突で乱暴かもしれないが、会場全体の芸術的で自由な空気が

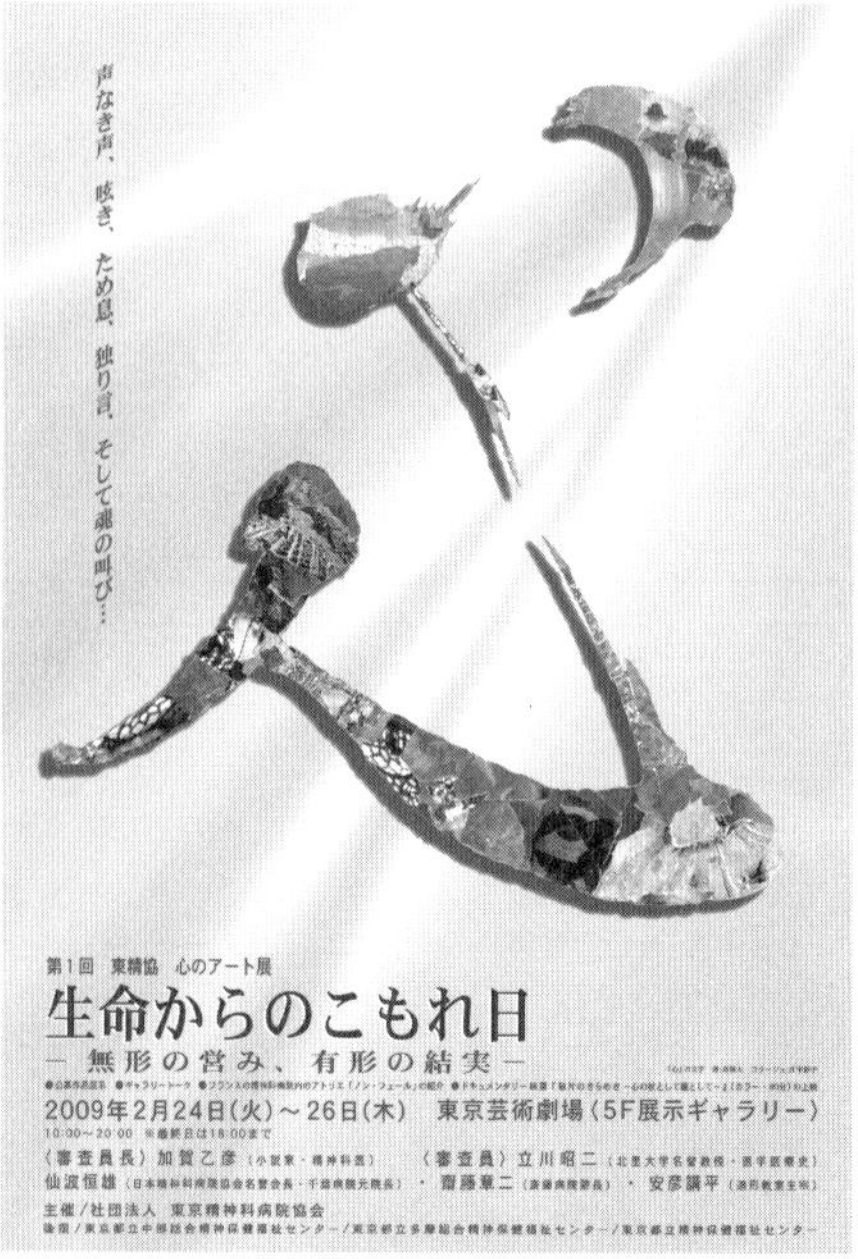

「心のアート展」第１回展のフライヤー

助けてくれたのか、おおむね多くの人は気持ちよく引き受けてくれたように思う。

ただ、「心のイメージ」は、誰でもふたつ返事で描いてくれるというわけでもなかった。

「描いてくれやすい人」と「まったく描いてくれない人」の層が確実に存在した。

以下に書くことは、学術的な調査結果に基づくものではなく、あくまで私の経験値から判断したものだということを前提に読んでいただきたい。

「心のイメージを描いていきませんか?」という、こちらの申し出をもっとも気軽に引き受けてくれたのは、展示されている友人の絵を観に来た精神科医療ユーザー(つまり「患者仲間」)だった。なかには、一人で二〜三枚の絵を、淀みなくさらりと描いていった人もたくさんいた。

ついで参加率が高かったのが、「団塊世代」の女性たちだった。こちらから「心のイメージを描いていきませんか?」と声をかけると、だいたい三人に一人くらいの割合で「ダンナの不満しか描けないわ」というリアクションが返ってきたのも面白かったのだけれど、この世代の女性たちは、ためらいつつも色鉛筆を握り、連れだった友人と話し合いながら、かなりの時間をかけて力作を描いてくださる人が多かったように思う。

そして、この方たちと同じくらい積極的に参加してくれたのが海外からの旅行者だった。東京芸術劇場はガイドブックにも紹介されているのだろう。会期中、ふらりと訪れる旅行者たちが少なくなかった。こちらから声をかけ、企画主旨を説明すると、多くの人は東京観光の思い出を中心に、個性的で素敵な絵を描いていってくれた。

そんな中、ほぼ一〇〇パーセントの確率で描いてくれなかった人たちがいた。ネクタイを締め、背広を着込んだ四〇〜五〇歳代の男性たちだった。私が主旨を説明し、「描いていきませんか?」と声をかけると、「忙しいので」「時間がないから」と苦笑いしつつ、足早にその場を離れていった（忙しく時間がないわりには、会場にきてくれていたのだから不思議である）。

「働き盛り」とされる年代の男性たち。おそらく、この社会は自分たちが動かしているのだと自負しているだろう人たち。また、周囲からもそうした目で見られているだろう人たち。そうした人たちが、「自分の心のイメージ」を描くことに対し、傍目からも明らかなほどの抵抗感を示したことに、私はいろいろと考え込んでしまったのだった。

あの人たちは、なぜ、あれほど頑なに「心のイメージを描く」ことを拒否したのだろうか。

声をかけた私に、何か落ち度があったのだろうか。

声のかけ方や、依頼の際の文言に、何か問題があったのだろうか。

フランク過ぎたり、敬意が足りなかったりしたのだろうか。

そもそも「心のイメージ」というテーマ自体に、警戒心を抱かれてしまったのだろうか。

しかし、「心のイメージを表現する」ことそのものに抵抗感があるのだとしたら、例えば会社での人間関係の中で、あるいは配偶者や子どもたちとの関係の中で、自分の気持ちを率直に伝える、といったことができるのだろうか。

「心のイメージ」は、決して「誰にも描けなかったもの」ではない。むしろ「来場してくれた多くの人がさらりと描くことができたもの」だった。
だとしたら、あの場で「心のイメージ」を描くことができなかった人たちは、皮肉を込めた言い方をすると、「自己表現障害者」ということになるのかもしれない。

1 「生きにくさ」と「障害」

「障害」とは何なのだろう。
「障害者」とは誰のことだろう。

「障害者文化論」という研究テーマを掲げて、それなりの時間が経つけれど、こうした疑問について的確に説明するのは、いまだに難しい。

「障害学（disability studies）」という学問がある。一九七〇年代に英語圏で生まれ、発展してきた学問で、主に二〇〇〇年代以降、日本でも紹介されるようになった。二〇〇三年には、日本でも「障害学会（Japan Society for Disability Studies）」が設立されている。

この「障害学」の中では、「障害」は二つに分類される。「インペアメント」と「ディスアビリティ」だ。

「インペアメント」とは、個人の身体的な欠陥や欠損、あるいは機能不全という意味だ。「障害学」という学問では、「障害」を「インペアメント」として捉える考え方のことを「個人モデル」（あるいは「医学モデル」）と呼ぶ。

対して、「ディスアビリティ」とは「社会的障壁」のことだ。ここでいう「障壁」というのは、ある特定の身体的特徴を有した人びとのことを考慮せず、むしろ排除するようなかたちで成り立つ制度や文化のことだ。障害学の中では、こうした「ディスアビリティ」が問題だと捉える考え方のことを「社会モデル」と呼ぶ。

次のような例を考えてみよう。

階段しか移動手段のない駅に、半身不随で車椅子を利用する人がやってきたとする。階段しか手段なければ、この人は改札を通ってホームに行くことができないのだから、電車に乗ることもできないことになる。

こうした場合、「この人が電車に乗れない」という事態をどのように考えればよいのだろうか。何を「障害」と捉えればよいのか。

「個人モデル」では、「その人の動かすことのできない足」に「障害」が存在すると捉える。

「社会モデル」では、「この社会には階段を使うことができない人がいる」という事態を事前に予測し、エレベーターなどの設備を用意していない駅（あるいは交通インフラに関する社会の価値観）に「障害」が存在すると考える。

とても基本的（すぎて少し乱暴）な整理だけれど、「個人モデル」と「社会モデル」は、こうしたかたちで捉えることができる。

ただ、この「個人モデル」と「社会モデル」をきっぱりと切り分けられない場面もある。例えば、精神障害や発達障害といった領域では、この区別が難しいことが多いように思う。というのも、こうした人たちにとっては、何かができたり、できなかったりする「境界線」が、文脈や状況、あるいは雰囲気や関係性といった諸条件によって大きく揺れ動くことがあるからだ。

加えて、その微細なシチュエーションが日常生活に深刻な困難をもたらし、また本人たちの自己肯定感を根元から揺さぶってしまうことさえある。

ここでは「障害学」の議論に深入りするのはやめておこう。差し当たり、ここで書いておきたいのは、「障害」は立場や見方によって定義がさまざまに変化し得る相対的なものであるということだ。

いまのところ、私にとってもっとも座りの良い「障害」の定義は、「ある特定の文脈や状況のなかで、他の多くの人がそれほど苦労せずにできることができず、そのことで日常生活に支障をきたすこと」というくらいのものになるのだろうか。

ただ、この定義に従うと膨大な数の「障害者」が生み出されることになり、すぐさまでも、「社会保障費が〜」「医療費が〜」「財源が〜」といった批判が飛んでくると思う。でも、少し立ち止まって欲しい。ここで私が考えたいのは、私たち一人ひとりの「自己イメージ」に関わる問題だ。つまり、人は程度の差こそあれ、何らかの障害を抱えながら生きていると考えた方がよいのではないか、ということだ。

2　心を麻痺させる努力

二〇〇七年、小泉純一郎政権下のこの年「鈍感力」という言葉が流行語になった。とても不気味で、恐ろしい言葉だと思った。

たしかに、昨今の閉塞的でストレス過剰な社会の中ではある程度「心のリミッター」のようなものを切り、感受性そのものを鈍らせなければやり過ごせない場面が多い。そのことは、私自身、体験的によくわかる。

こうした苛酷な状況を生き抜くための「護身術」としてならば「鈍感力」というものも、どこかで必要になるのかもしれないけれど、この言葉には独特な「ストイックさ」のようなものが含まれているように思えてならない。「他人の痛みに対しても、自分の痛みに対しても、心を麻痺させてやり過ごしつつ、超競争化社会を戦い抜け」という冷酷な頑なさだ。

自分の痛みに「鈍感」になってまで頑張る（頑張らせられている）人は見ていて心が痛むし、ましてや他人の痛みに「鈍感」な人は、正直に言って迷惑この上ない。

自分にも、他人にも、「できないこと」はできないし、「壊れやすい部分」は誰だって持っている。そもそも、人間には心身ともに「キャパシティ」がある。そうした「キャパシティ」を「鈍感」の一言で踏み越えられるのはご免こうむりたい。

結局、ポジティブな意味で「鈍感」になれるのは、ある程度の権力や影響力を持っている人なのだろう。社会の末端を支える人にとって「鈍感力」とは、「心を麻痺させる努力」にしかならないように思う。

それに、自分の心を麻痺させて努力し続けていれば自分自身の心身の不調や、キャパシティーオーバーに対しても「麻痺」することになるだろうし、自分の近しい人や大切な人に対しても「麻痺」することになるのではないか。

とても逆説的に聞えるかもしれないけれど、こんな「生きにくい」社会だからこそ自分の中にある「障害」的な部分に自覚的であった方が、少しでも「生きやすさ」のかけらを手にできるのではないか、とも思う。

これまで「障害」は「不幸の代名詞」「生きにくさの象徴」のように考えられてきた側面があるけれど、これからは少しでもマシな「生きにくさ」を手に入れるために、「障害」という概念自体を捉え返すことも無意味ではないのだろう。

自分には何ができて、何ができないのか。どこからが自分の手に負えない状況になってしまうのか。何かできないことに直面した際、誰に、どれだけのサポートを求めれば良いのか。自分の中に「障害」を見出すというのは、こうした点について考えることでもある。

先に述べた「自己表現障害者」たちは、「心のイメージが描けない」ということで、日常生活に支障をきたすことはほとんどないかもしれない。

たしかに、平穏で平和な日常が延々とつづくのであれば「心のイメージが描けない」からといって、日常生活に支障をきたすことなどないだろう。でも、あの年代の男性たちが精神科のクリニックを訪れることが少なくないのも事実だ。

家族や、親しい友人や、信頼できる会社の人間に「辛いかもしれない」という、最後のＳＯＳを発する自己表現力だけは、どこかに備えていたいと思う。少なくとも、自分が「自分の心を表現しにくいという障害」を抱えているのだということを胸の内に収めておくだけでも、無自覚のまま燃え尽きるより、少しくらいは「生きやすい」のではないだろうか、などと、ひどくお節介なことを考えたりする。

3　握りつぶされたリアクションペーパー

もう一〇年近く前になるだろうか。某大学で障害者と人権に関する講義を受け持った際、この「心のイメージ」と「自己表現障害者」の話をした。

講義後、学生に提出してもらったリアクションペーパーの中にとても気になる一枚があった。簡単に言うと、私の講義内容に猛烈な不快感を覚えたという内容で、極めて強い罵りの言葉が綴られた用紙は、グチャグチャに握りつぶされて提出されていた。

当該学生は、私の講義の、どこに、なぜ、それほどの不快感を覚えたのだろうか。帰りの電車の中で、しわくちゃになったリアクションペーパーを何度も何度も読み返した。

その日の授業中、私は「『社会人』になるということは、どこかで『自己表現障害者』になることかもしれないね」といった発言をしていた。

ここでいう「障害」とは、私なりの定義で「ある特定の文脈や状況のなかで、他の多くの人がそれほど苦労せずにできることができず、そのことで日常生活に支障をきたすこと」という意味で使っていることは、明確に板書した上で伝えていた。

「社会」（あるいは「会社」）という過酷かつ制度的な人間関係の中で、自分の「心」を率直に表現するのは、誰にとっても難しいだろう。そうした状況の中で、人はいつのまにか自分自身を「表現」できない「障害者」となってしまうのかもしれない——というのが、私の話の意図だった。

当該学生のリアクションペーパーには、自分が今、就職活動に励んでいること、その中でとにかく頑張っていること、そうして頑張っている人間を「障害者呼ばわり」するのが許せないといった主旨のことが綴られていた。

何度か読み返して気付いたのだが、当該学生は、「障害者」という言葉自体に「侮蔑的なニュアンス」を感じ取っていたのだろう。こんなにも頑張っている自分が「障害者呼ばわり」されたことが耐えがたかったのだと思う。

私自身、大学での講義を通じて人は誰しも「障害的要素」や「障害者的側面」をもっているはずであり、そうした内省を通じて、社会を捉え返すことが大切である旨を学生たちには（なるべく丁寧に）伝えている。

しかし、握りつぶされたリアクションペーパーが私に突きつけたのは、そもそも「障害者」という言葉が自身に張り付くことに対して、猛烈な嫌悪感を覚える人がいるという事実だった。

「障害者」にまつわる、こうした根強いスティグマをどのように剝がしていけばよいのか――とても悩まされたことを思い出す。

生き延びるための「障害」

「できないこと」を許さない社会

1　障害者運動の「新規参入組」

先日、一九七〇～八〇年代の障害者運動を担った古老と、何気ない会話をしていたときのこと。障害者運動の「生き字引き」ともいわれる当の古老が、「精神」や「脳機能」の領域に障害を持つ人々を指して――話の流れでは、とくに「発達障害」（「自閉症」や「アスペルガー症候群」といった障害群）の人々のことが中心であった――「新規参入組」と称したことがあった。

たしかに「発達障害」という言葉が一部の医療・福祉関係者だけでなく、市井の人々にも知られるようになったのは比較的最近のことである。わたしのそれほど広くはないアンテナにも、「発達障害」をもつ当事者や家族たちの活動が盛んな様子が仄聞《そくぶん》される。今なお誤解と偏見の多いこの「障害」に関する啓発や、医療・福祉制度の整備を求める運動(この「障害」は福祉サービスの谷間におかれることも多い)など、その活躍は目覚ましい。

その意味では、四〇年前から福祉の充実を求めて闘ってきた人から見れば、たしかに「新規参入組」なのかもしれない。古老が発したこの言葉には、経済規模に比べて貧弱な福祉制度しかない日本社会のなかで、生き延びるために声をあげた「後輩」たちに対する真摯なエールが込められていたように思われるのだが、話の文脈から察するに、どうやらそれだけでもないようである。そこには「発達障害」という概念の難しさに対する、少なからぬ当惑も含まれていた。すなわち、この「障害」が「健全(健常)」との境界が画然とは分けられず、少なからずファジーな部分があることへの戸惑いである。

障害者運動がもっとも熱かったと言われる一九七〇~八〇年代。運動の現場では「障害者」と「健全者(健常者)」という区別は絶対的なものであった。あるいは絶対的なものとして、誰もが信じていた。本書でも触れてきた「日本脳性マヒ者協会 青い芝の会」などは、その典型であっただろう。「障害者」が「健全者」の差別性を糾弾する一方、「健全者」がその糾弾を受け入れたり反発したりしながら「障害者」の介助に汗と涙を流す……。両者が酒精薫る古アパートの一室で、文字通り取っ組み合いながら「障害者解放」を夜な夜な議論したというのが、古き良き（かどうかはわからないが……）時代を象徴する一コマであった。

しかしながら、現在の感覚では「健全者（健常者）」という言葉に違和感を覚える人も多いのではないだろうか。実際、この言葉は必ずしも自明な用語ではなくなってきている。とくに「発達障害」などの領域では、「障害」と「健全（健常）」の境界線は、ついたてを隔てたような二項対立の関係ではなく、むしろ「多くの人々が普通にできていることができないこと」の度合いの差であり、両者は連続体として捉えられる。「うつ病」や「人格障害」といった精神領域でも同様の考え方をする場合があるのだが、「精神疾患」が国民の「五大疾病」に組み入れられたことなども考えると、そもそも完全な意味で「健全（健常）」な者など、この社会のなかにいないと考えた方がよいかもしれない。

2 「障害」と「生きにくさ」

それにしても、「発達障害」という概念は正直難しい。たとえば一口に「自閉症」といっても、知的な障害を伴いコミュニケーションが難しい場合もあれば、知的な障害を伴わず、基本的なコミュニケーションにも大きな支障はない「高機能自閉症」と呼ばれる場合もある。この言葉が包括する範囲は非常に広く、また多様であるが、概して「発達障害」をもつ人は人間関係に悩まされることが多いようである（当人が人間関係の葛藤に気がつかないこともあるし、あるいは葛藤に気付けないことを「障害」とされることもあるので、この表現も正確ではないのかもしれない）。

親でさえわが子の「障害」に気付かず、「育て方の間違い」や「愛情不足」が原因の「ワガママ」「社会性の欠如」ではないかと悩むことも少なくない。あるいは本人も自身の「障害」を認識できず、学校・職場・地域などの人付き合いに困難を感じながら、それを上手く表現できない場合もある。医師から「発達障害」の診断を得て、はじめて自分の「生きにくさ」の原因がわかり、むしろすっきりした気分を味わう人もいる。

本人でも自身の「障害」を認識できないのであれば、それだけ「障害」が軽度であり、当人が感じている「生きにくさ」も軽微なのではないかと考えてしまいそうだが、必ずしもそうとは言えないようである。たとえば「曖昧な言い回し」や「場の文脈」を解読することができなかったり、相手の感情を推し量ることが苦手であったり、あるいは興味のあることとないことが両極端に振れたり、自分の感情を内省して上手に表現することができなかったりするために、「空気が読めない」「自分勝手」「ルールを守れない」と見なされることも多く、大変なストレスを感じている人も多い。

そもそも「障害」の種別や程度に関わらず、人間が直面する「生きにくさ」は、当人を取り巻く人間関係や社会的環境に左右される。「障害」の種別・程度と「生きにくさ」は、必ずしも正確な相関関係を持っているわけではない。傍から見れば比較的軽微な「障害」を持っていても、そのじつ、大変な「生きにくさ」を抱える人も多ければ、逆にそれなりに重い「障害」を持っていても、それを一つのパーソナリティとして肯定的に受け入れて、充実した日々を送る人だって決して少なくない。

3 包容力と寛容さを失っていく社会

「発達障害」の当事者たちが活動を広げ、社会の関心事として認知され始めたからといって、必ずしもある特定の医学的・身体的な機能障害を有する人々の人口比率が増えてきたというわけではないのだろう。医療の専門家でないわたしにはあまり立ち入った判断はしかねるのだが、ただ「発達障害」に関しては、むしろ社会的な要因の方が大きく関わっているように思われる。

おそらく、同様のパーソナリティの「偏り」を持った人々は昔からいたはずであるが、その「偏り」が「障害」として認定されていなかった（認定される必要性がなかった）と考える方がよいのだろう。ある時代におけるある社会のなかで、「普通」「標準的」と言われるモデルケースから逸れるパーソナリティを有した人物を、社会がどれだけ受け止められるかという「社会の許容力」によって、「障害」の境界線も決定されるということである。[*1]

かつては「個性的」「ユニーク」「変わり者」と言われながらも、周囲の助けを借りながら、それなりに共同体に打ちとけながらやっていけたようなパーソナリティの在り方が、現在の閉塞的な社会状況のなかでは居場所がなくなり、医療や福祉の特別なケアを必要とするようになったと考えた方がよいのかもしれない。

「多様性の尊重」「多角的価値観の養成」「個性の伸長」をキーワードとして掲げる現代社会は、また一方で、モデルケースから逸れるパーソナリティに対しては意外に不寛容である。「多様性」や「個性」といったものも、現実的には、「普通」で「標準的」な価値観やふるまいを前提とした上でのオプションとしてのみ許容される。「発達障害」の子を持つ親は、わが子が「普通の子」と違うことに気苦労を味わうが、それは決して「考え過ぎ」や「マイナス思考」などではなく、現にこの社会では「普通の子」と異なることに多くのプレッシャー（文字通り「圧力」）がかけられているということであろう。「発達障害」が注目されることは、みなが余裕をなくし他者への包容力と寛容さを失っていく社会状況と、どこかでリンクしているように思えてならない。

4 「生きやすさ」のカケラ

じつは、本章の目的は「発達障害」自体について解説することではないし、残念ながらわたし自身にもそれだけの見識はない。むしろここで考えたいことは、この言葉から見えてくる社会の不寛容化の方にある。

「発達障害」という言葉が人口に膾炙するようになってから、自身が直面している「生きにくさ」を言い表すために、この医学的にも難解な「障害」の名称を用いて説明しようとする人々が（とくに若い世代の中に）現れつつあるように思われる。

似たようなこととしては、かつては主に精神科医療の関係者が用いていた「ＰＴＳＤ」や「トラウマ」といった言葉が日常語となったことがあげられるだろう。この言葉はメディアでもほとんど注釈なしに使用されるし、日常会話のなかにも登場する。あまりにも日常語化することで、専門用語としての厳密さや深刻さが損なわれてしまうというデメリットもあるのだろうが、ここではそのデメリットに目くじらを立てるよりも、それだけ自身の心の痛みや苦しみを表現する言葉を探し求める人が多いという、言葉への潜在的な需要のほうに注目しておきたい。かくも難解な専門用語が人々の日常語の感覚に沁みわたったということは、それだけこの社会が心をすり減らす、ざらついた世界であるということなのだろう。

「発達障害」という言葉も少しずつではあるが、人々の日常語の感覚に沁みつつある。専門医から診断を下されたわけではないにも関わらずこの「障害」名を用いて、自身の「苦手なこと」「できないこと」を理解しようとする傾向に（決して頻繁にではないが）出会うことがある。他人とそつなく無難に会話したり、集団のなかで波風を立てないようにふるまったり、慣れない新しい人間関係の扉を開いたり、といったコミュニケーションに関わる事柄で苦手意識があり、大変なストレスを感じている人が自分は「発達障害」（やそれに類する「障害」）の傾向があるのではないかというのである。この「障害」が「健全（健常）」との境界がファジーなこともあって、ある種の「親近感」のようなものを感じているのかもしれないが、そこには「ＰＴＳＤ」や「トラウマ」の場合と同様、「できないこと」の苦しさを言い表す言葉への潜在的な需要があるようにも思われてならない。

興味深いのは、「自分には何らかの『障害』があるのではないか」という思いが、決してその「障害」に対する不安感から発せられているわけではなく、苦手意識や「できないこと」の理由を説明するために発せられている点である。むしろ「障害」を意識することで安堵感を得ようとしている節もある。かつては「生きにくさ」の象徴として考えられていた「障害」というものが、少しでも「生きやすさ」のカケラを得るために求められるという事態が出現しているようにも思われるのだが、その背景には、「できないこと」を致命的なデメリットとする現代社会の不寛容化が潜在しているのかもしれない。

5　「できないこと」を許さない社会

「障害」が何らかの「いいわけ」として安易に使用されることに、当然ながら抵抗感を覚える人もいるだろう。だが、そのこと自体に目くじらを立てるのではなく、そのような需要が生じる背景の方に目を向けておきたい。

最近、ふとした拍子に、この社会は『できないこと』を許さない社会」なのではないかと考えさせられるときがある。この社会の風潮が上記の背景の全部ではないにしても、ある一部分には関わっているようにも思われる。最近の若者がすぐに「できません」と言うことを非難する向きもあろうが、しかしながらその「できません」は、より深刻な「できないこと」への予防線を張りたいという防御反応であろうし、そもそも「できません」と言うことが非難される風潮自体が、「できないこと」に対する非寛容化の表われなのだろう。

たとえば、雇用の不安定化が深刻な昨今。会社説明会や面接の場で「即戦力」であることを求められ、意気消沈する学生をしばしば目にすることがある。ほんらい、私企業の「戦力」とは、自社の理念に沿って時間をかけて育成するものであろう。リクルートスーツも着慣れない若者に「戦力」たらんことを求めるのは、自社に人材育成する余裕がないことを打ち明けるようなもので本当は恥ずべきことなのだろうが、それでも世間は企業の論理に軍配を上げ、学生は気の毒なほど肩を落とす。つまり、学生が「できないこと」に非があるとされてしまう。

あるいは教育現場においても「できないこと」への風当たりは強い。教員の休職率の増加が問題視されて久しいが、休職理由の多くは「うつ」をはじめとした精神疾患である。ベテラン教員が業務の多忙化に加え、生徒・保護者のニーズの複雑化に従来の経験が通用せず適応できない場合が多いようであるが、新卒・新採の教員が一〜二年で挫折する事例も決して少なくはない。

三月に卒業した学生が四月から教壇に立ち、晴れて「先生」となるのだが、最近では学級運営についての基本を学ぶ時間の余裕もなく、新任一年目からクラス担任を任されるということも珍しいことではない。そして右も左もわからない新人教員に対しても、求められることは経験のある教員と変わらず、新人だからといって「できないこと」が許容されるわけではない。

また近年では、「専任教員」と「非常勤講師」の間にあたる「契約専任」という立場の教員も増えている。業務内容は「専任教員」と変わらないものの、数年間の契約期間内しか身分を保障されないという弱い立場に置かれている。しかしながら、弱い立場にありつつも求められることは一般の教員と変わらない。立場が弱いゆえに何かが「できないこと」は許されない。

あちこちの大学で「グローバル時代のリーダーを育てる」ことが目指され、一杯二〇〇円程度のコーヒーショップのアルバイト店員にも完璧な接客マナーが期待される昨今。わたし自身の感覚にもとづいて言わせてもらえば、社会が人に対して求める「できること」のハードルは確実に高くなっている。

6　社会を「生き延びる」ための一つの技術

誤解を招かぬよう付言しておけば、ここで言いたいことは、「できないこと」が多い人々が増えたということではない。むしろ、ある人物が何か「できないこと」を抱えていた場合、その理由や事情を忖度して、場合によっては「仕方のないこと」「時間をかけて少しずつやっていけばよいこと」として許容したり励ましたりするのではなく、理由や事情を問わず「できないこと」自体が排斥・非難される風潮があり、そのことを敏感に（あるいは薄々と）察知している人々が増えているのではないか、ということである。

「できないこと」が致命的なデメリットとされ、非寛容的に遇される社会では、何かが「できないこと」への理由をどこかに求めるという心理が生じたとしても、故ないことではない。他人とのコミュニケーションに関して「普通」にやりこなすことができず、ストレスを感じる人々が、それをある種の「障害」として受け入れ、自身の中で納得しようとする心理の背景には、この社会の非寛容化がどこかで関わっているのではないか。

ある種の「生きにくさ」を抱えた人が、その原因を「障害」という言葉で説明しようとすることがはたしていいことなのかどうか、判断するのは難しい。一方では、安易に医学用語を借用し、自分自身の言葉を駆使して「内面」の葛藤と向き合わない姿勢に抵抗感を覚える人もいるだろう。わたしたちの日常が「医療」や「医学」に浸食され、自分自身の言葉で考える習慣が失われつつあるのだとしたら、たしかにそれは懸念すべき事態だろう。

しかし他方では、苦しむ人が難解な医学用語を自分なりに噛みくだきつつ、したたかに吸収しているのだとも言えるのかもしれない。個人的には、自分にとっての「できないこと」を自覚しつつ生きることは必要だと思っている。場合によっては、「障害」という指標を借用することも、やぶさかではない。その際、「自分には何ができて、何ができないのか」「誰に、どれだけの助けを借りれば何とかなるのか」について振り返ることができるならば、「できないこと」を自覚することは、他者との関係性を紡ぎ出す新たなチャンスにさえなるのではないか。

心に渦巻く漠然とした苦しさを整理し、「できること」と「できないこと」のキャパシティを自覚しながら生きていくための指標として、自分のなかに「障害」を見出すことは、この閉塞的で不寛容な社会を「生き延びる」ための一つの技術なのかもしれない。

註

＊1　ちなみに学校カウンセラーとして豊かな経験を持つ岩宮恵子は、従来のような悩み葛藤しつつ成長する「内面」「主体」というイメージでは捉えられない（理解し切れない）意識のありようが、「発達障害」と括られている可能性について指摘していて大変興味深い。『フツーの子の思春期——心理療法の現場から』岩波書店、二〇〇九年、一九一頁。

「存在しないもの」にされた人の言葉

1 「いじめられるだけ、今よりマシ」

以前、障害児の普通校通学を実現するための運動を続ける方とお話しした時のこと。その方の地元では、障害のある子どもが養護学校や特別支援学校ではなく、地域の普通校に通うための運動が長らく続けられてきた。

こうした運動は、「学校」という場から排除されてきた障害者たちが起こした就学闘争にまでさかのぼる。特に一九八〇年代に盛り上がり、その後、日本の各地で障害児の親や現場の教員なども巻き込み、障害児の就学機会を勝ち取るための活動が粘り強く続けられてきた。

私がお話をうかがった方も重度障害のある子どもの親御さんで、とても熱心で真摯な方だった。ただ、その時にうかがった次のような言葉が、どうにも忘れられずにいる。

（養護学校や特別支援学校ではなく、地域の普通校に入学させて欲しいと）学校とか教育委員会と交渉するでしょ。そうすると相手は「障害児が普通校に来るといじめられますよ」って言うんですよ。でも、私たちはこう言い返すんです。「いじめられるだけ、今よりマシです」って。

「いじめられるだけ、今よりマシです」というのは、一見、誤解を招きやすい表現かもしれない。この方も、まさか「我が子が普通校に通えさえすれば、たとえいじめられても構わない」と考えているわけではないだろう。そもそも、障害児がいじめられてよい道理などない。すべてのいじめは容認されてはならないし、すべきでもない。

ただ、切実で切迫した状況から絞り出される言葉は、時に、ある種の複雑さを抱えていることもある。そうした声に接したとき大切なのは、その重い言葉の裏に張り付く情念に思いを巡らせることだろう。

「いじめ」はとてもネガティブな人間関係で、それ自体是認してはならない。しかし、そうした「いじめ」さえ「マシ」に思えてしまうほど、「人間関係」そのものから切り離され、突き放されてきた孤独感というものが存在するのだろう。

だとしたらそれは、どれほど底深いものなのか——。

ずっと、この親御さんとお子さんの置かれた孤独感について考えてきたけれど、どうしても上手く言葉で捉えることができずにいた。しかし、一冊の本がこうした「孤独」へのヒントをくれたように思う。

2 「孤独」の底深さ

仕事柄多くの本を読むが、自分から進んで何度も読み返す本というのはそうそうない。「ろう」を生きる写真家・齋藤陽道の『声めぐり』（晶文社、二〇一八年）は、その数少ない一冊だろう。

この本は、内容を要約したり、的確に紹介したりするのが難しい。強いてまとめれば、生まれながらに耳が聞こえない齋藤が「言葉」以外のかたちで人とつながる「声」を見出していく魂の道程を記した自伝的随想とでも言えるだろうか。

聴者（聞こえる人たち）の世界で生きるために、幼い頃から受けた厳しい口話の訓練。装着してもノイズしか伝えてこない補聴器。どこにも居場所がなかった孤独な小～中学校時代。そうした生活から逃れたいと、高校から飛び込んだ「ろう学校」。手話を得たことで友だちと交わせた何気ない会話。そのことで得られた「生きていける」という実感――。

こうした人生の道行きを経て、齋藤は二〇歳で補聴器を捨て、写真やドッグレッグス（障害者プロレス）と出会い、「言葉」以外にも人とつながれる「声」の存在をこの世界の中に見出していく。

とても読みどころが多い本だけれど、個人的に最も深く響いたのはかつて齋藤が陥っていた孤独が描かれる場面だ。音としての言葉が聞こえないまま、それでも何かをごまかしつつ聴者の世界で生きようとすることで、いつの間にか陥っていた漆黒の孤独。その底深さを、齋藤は次のように記している。

この社会は、音声を聞くこと、話すことからすべてが始まる。上手く音声を扱えるかどうかで将来が決まるものだと思っていた。うまく話すこともできず、聞くこともできないぼくの人生は失敗していた。それはもう変えようがないことなんだと絶望していた。

失敗だとわかりきっている人生の日々は苦痛しかなく、勉強もなんの役に立つのかわからなかった。その苦痛を直視したくなくて、小学校高学年からは毎日ゲームにふけっていた。楽しいわけでもなく、これから先に待ち構えている人生の膨大な時間を、ただただ考えないようにするための逃避先がゲームだった。

それでも中学二年生になろうかというころ、進学するにあたって、普通高校に行くかどうかという可能性をいよいよ具体的に考えるときがきた。

「小学校と中学校の間に感じてきた孤独がまた三年も続くのか？　たとえ、それが無事に終わったとしても、社会に出て、その先も、死ぬまでずっと？」

聴者社会に適応しようとして頑張ってきたけれど、どうしようもない孤独はどこまでもついてまわった。孤独がこれから先の何十年も続くのだと想像したとき、それまで「ぼくは聞こえている側だから」とごまかしながら懸命に押さえつけてきた恐怖心のタガが外れた。耐えられないと思った。

深まっていく孤独をまた頑張って抑えていったら、きっと近いうちに、自死するか、残酷な形で人を傷つける未来しか思い描けなかった。自分の中にある孤独を本当に見つめたとき、ぼくは初めて「生きたい」と願った。（一九〜二一頁）

ここで描かれた「孤独」を「聞こえる者と聞こえない者の断絶」、あるいは「聞こえる者から、聞こえない者へと押しつけられた排除」と捉えることも、間違いではないのだろう。

しかし、齋藤が『声めぐり』の中でえぐり出して見せた孤独は、より冷たく、底深く、色濃い。そうした孤独は自己肯定感を残酷な形でむしばみ、こじらせてしまう。

3 「存在」の手応え

『声めぐり』の中に、何度読んでも読み返す度に痛みを覚えるチャプターがある。「悪意のことば」というチャプターだ。この中で、齋藤は次のようなエピソードを紹介している。

二二歳で単身、大阪の写真学校に通っていた頃。齋藤は有名チェーンのやきとり屋で皿洗いと調理補助のアルバイトにありついた。「聞こえない」というだけで仕事の間口は急激に狭くなる。齋藤も、五〇〇件以上の申し込みと、数十件の面接を経た末に手にした貴重な仕事だった。

しかし、その店で齋藤は、倦み疲れた雰囲気をまとう四〇代のキッチンリーダーにあたってしまう。彼は齋藤との筆談にも応じなければ、唇の動きも読み取れないほどボソボソとしか話さない。明らかに齋藤を邪険に扱うリーダーから、ある日、次のような仕打ちを受ける。


いったいなぜそう言われなければならなかったのかは、わからない。サラダや揚げ物の仕込みをしていると、いきなり肩をぐいとつかまれた。ふりむくと、キッチンリーダーの憎々しげな表情にぶつかる。

「つ ん ぼ は よ け い な こ と を す る な」

一言ずつ、ゆっくり、大きく、口を開けながらそう言って、ぼくが仕込んでいた具材をゴミ箱に投げ捨てた。（九六頁）

あるいは、次のようなエピソード。

高校一年生のとき、齋藤は友人と新宿で映画を見た帰り、酒に酔った数人のサラリーマンに絡まれてしまう。耳が聞こえないことを露骨にからかうサラリーマンたちを無視してその場を去ろうとすると、彼らは齋藤たちを捕まえ、殴り、薄暗い路地裏へと連れ込む。しばしの乱闘になった後、通報を受けた警察官が駆けつけるが、なぜか齋藤たちが拘束されてしまう。警察官は、興奮して口が回らない齋藤たちを不審がり、しゃべれるサラリーマンたちの言い分ばかりを聞いたのだ。何か注意らしい言葉を残して警察官が去った後、齋藤たちは再び、路地裏へと連れ込まれる。

警官の姿が見えなくなったあと、大勢にしっかりと衣服をつかまれて逃げることもできないまま、ふたたび薄暗い路地裏に連れ込まれた。サラリーマンのひとりが、人差し指で地面を指しながら、ゆっくりと口を開けて「ど　げ　ざ　し　ろ」と言った。とてもよく読み取れた。

意味がわからない。本当に、意味が、わからない。歯ぎしりしながら土下座をする。地べたから見上げるサラリーマンたちの横顔は、けばけばしいネオンに照らされてぎらぎらしていた。ともだちに向かっても「おまえもやれ」というふうに、地面を何度も指差した。

ぼくらが土下座したことで満足したらしい彼らは、路地裏から繁華街に去っていった。最後に、身振りで聞えないことを嘲るジェスチャーをしながら「ばああああか」と、大きく口を開けて言った。（一〇六〜一〇七頁）

あまりにも理不尽な暴力と差別に、頁を繰る指先にさえ痛みが伴うような思いがする。しかし、齋藤が経験していた冷たい孤独は、実はもっと深いところにある。というのも、齋藤は、キッチンリーダーやサラリーマンたちがぶつけてきた「悪意のことば」が「わかった」ことに、〈一抹の喜び〉を感じてしまうのだ。

だけど、彼らの奇妙に読み取りやすい悪意のことばを思い出すとき、「でも、とてもわかりやすかったな」という一抹の喜びも同時に感じている自分もいた。（一〇七頁）

齋藤は、あまりにも長く、遠く、音声にもとづく「言葉」から疎外されてきた。聴者から自分に向けられる言葉は、「わからない」ことが大前提だった。そのことで、自分という存在は「ない」ことにされ続けてきた。

もちろん齋藤自身、こうした理不尽な差別に対して、深く傷つき、憎悪している。〈考え得る限りの残虐な行為を、何度、夢想したことだろう〉（一〇七頁）とも記している。しかし、そうした感情と相反するものが自身に芽生えてしまったたことも、正直に綴っている。

ぼくの孤独は、極まるところまで行っていたのだろう。悪意のことばにすら、まず自分を見てくれているという、いびつにねじくれた喜びとして感じてしまっていた。（二一〇頁）

自分の存在自体が「ない」ことにされてきた人は、それがたとえ「悪意」であろうとも、自身に「言葉」が向けられたこと自体に、存在の手応えのようなものを得てしまうのかもしれない。

4 「善意」を装った差別

私はここで、「実は無視よりも悪意の方が害が少ないのだ」などと言いたいわけではない。「存在」自体を認められないことが、どれだけ人間を、暗く、冷たく、底深い場所へと落とし込むのかを考えたいのだ。

冒頭の「いじめられるだけ、今よりマシです」という言葉を、もう一度、噛み締めてみる。あの親御さんは、まやかしでもいいから、一時の存在の手応えを得たいと考えたのだろうか。たとえ「悪意」でもいいから、自分に関心をもって欲しいと考えたのだろうか。いや、そうとも思えない。あれは確かに、存在自体が認められないことの怖さを知っている人の言葉だったように思う。薄暗く、冷酷なものと闘おうとする意志に貫かれた言葉だったように思うのだ。

あの親御さんが闘っていたのは、「善意」を装った差別だったのだろう。

「障害者がかわいそうだから」

「傷つけられてしまうから」

「大変な思いをするだろうから」

「だから、私たちは下手に交わらない方が良いと思う」

こうした言葉は「善意」を装ってはいても、そのじつ、誰かの「存在」をないことにしようとしてはいないだろうか。

「普通校にきたらいじめられる」という言葉は、一見、優しげにも見える。でも、その言葉に、こうした底意があるのだとしたら、親として「いじめられる方がマシ」だと言いたかったのではないだろうか。

――あなたたちがちらつかせるその「善意」めいたものは、「いじめ」よりも冷たく暗いところに、私たちを突き落とすかもしれませんよ――そんな、鋭く、強い、言葉だったように思うのだ。

あとがき

本書には、二〇一一年から現在までに発表してきた論考のうち、強い思い入れがありながらも単行本には収められずにいた一三本を選び、一本の書き下ろしを添えて収録しました。論文として学術誌に掲載したものから、エッセイとして文芸誌やネットジャーナルに寄稿したものまで、ジャンルは幅広くなっていますが、著者としては一つ一つ手を抜くことなく全力で臨んだ仕事です。

少し大げさかもしれませんが、この本はおそらく私の研究者人生「最初の一〇年間の総括」になるのだと思います。とにもかくにも、これまで必死に積み重ねてきたことが間違っていなかったかどうか。本書がその「答え合わせ」になるのだと思うと少しこわい気もしますが、勇気をふるって世に問う次第です。

研究者という肩書きで活動をしていると、研究の目的や費用対効果を尋ねられたり、事前に提示することを要求されたりします。時には論考を書く前から、「コアになるメッセージ」や「わかりやすい結論」が求められたりもします。もちろん、学術研究にかかわる者は、こうした事柄への説明責任を負っており、そのための努力を怠るべきではありません——とは書いてみたものの、私はこれがとても苦手です。

以前、尊敬している小説家から「どんな小説を書きたいかは、小説を書いて説明するしかない」というお話をうかがい、とても感動したことがありました。研究者にもこれと似た部分があるのかもしれません。つまり、どんな研究がしたいかは、実際に論考を書いて説明するしかないのです。

更にいえば、一人の研究者が言葉を尽くして伝えたいことは、その人が綴った一つ一つの論考を積み重ねることでしか伝えられない、という場合もあるはずです。研究者という職種の人間にとっても、ためらいや葛藤を交えながら綴った文章をかき集めることでしか伝えられない「大切なもの」があると思うのです。

ここ数年、執筆依頼をいただく度に「わかりやすさ」や「メッセージの明確さ」が強く求められるようになってきたのですが、こうしたものを意識しすぎると、逆に「伝えられることの総和」が目減りするように感じています。

特に本書の中心的な話題となった「生きにくさ」や「語りにくさ」は、「わかりやすさ」や「明確さ」といった概念の対極にたたずむ感覚です。こうした感覚は何らかの形をもっているわけではないので、その姿を写し取ろうとしても、はっきりとした輪郭線を引くことはできません。明暗や濃淡といったコントラストによって、その存在感を示すことしかできないのです。

こうした捉えがたい感覚を素描するために、約一〇年にわたって言葉を積み重ねてきた軌跡が本書に収められた論考です。それが成功しているかどうか。私が伝えたい「大切なもの」が伝えられているかどうか。それは本書を手に取ってくださった皆さまにご判断いただくしかありません。

大学院生の頃から、「人はいかに自分自身を表現するのか」という問題を追いかけ続けてきました。実は私自身、「自分で自分を表現すること」がひどく苦手な性格です。そもそも、自分の中に「表現するに足る何か」が存在しているようには思えずにいました。だからでしょうか、「自己表現できる人たち」に対して並々ならぬ興味があり、そうした人たちのことを「研究」と称して追いかけ続けてきました。

特に「差別」「迫害」「世間の無関心」といった過酷な状況下に置かれながらも、そこから声を上げる人たちには「憧れ」や「尊敬」に近い感情がありました。ハンセン病療養所で暮らす人や、街中での自立生活に挑む障害者たち、あるいは精神科病院の一角で絵筆をとり続ける人たちのもとを尋ね歩いては、話を聞かせてもらってきました。これまでの私の研究の大部分は「人と会うこと」だったように思います。

振り返ってみれば、すでに一五年以上、こうした「人めぐり」をしてきたことになりますが、その結果わかったことは、人は誰しもはじめから「自己表現」できるわけではないということでした。

「自己表現」が生み出されるためには「何か」が存在します。「自分のことを表現する」というささやかな行為をなすにも、それを支える「何か」があるように思います。その「何か」は、きれいに、的確に、簡潔に切り取ることのできないもので、言葉を積み重ねていった先に姿が見えてくるようなものです。

その「何か」の正体を捉えるためにも、ためらいつつ、葛藤しつつ、これからも言葉を重ねていこうと考えています。

本書の最終工程は、二〇二〇年四月七日に発出された新型コロナウィルス感染症拡大に伴う緊急事態宣言の期間に重なりました。自分の仕事と生活が大変な混乱に飲み込まれたことも辛かったのですが、身内や友人には医療者や福祉関係者も多ければ疾患や障害と共に生きる人も多く、心配は日に日にふくれ上がり、また次々に更新されていく「重症者数」「死者数」といった情報に接することも苦しく、私は心身の安定を保つことが困難でした。

そんな中、ぎりぎり踏みとどまることができたのは、この本の刊行という具体的な目標があったからかもしれません。かつての原稿を読み直し、手直しするという作業を通じて、私の研究に関わってくださった皆さんのことを再び心に思い描き、ほのかな「つながり」を意識することができました。あの柔らかな感覚に救われたことを、これからも忘れずにいたいと思います。

もちろん、いつも寄り添ってくれる家族の存在も大きかったのは事実です。日ごろ、面と向かって言えない感謝の気持ちを、この場に書き添えておきたいと思います。本当にありがとう。

本書の企画は、拙文「車椅子の横に立つ人」（初出『STUDIO VOICE』）が青土社・前田理沙さんの目にとまったことがきっかけになりました。師匠である花田春兆さん（二〇一七年逝去）との思い出を綴ったエッセイで、今までに私が書いた文章の中でも思い入れの強い一本です。この原稿に注目してくださった前田さん、本当にありがとうございました。

思えば、これまで私が書いてきた論考は、「車椅子の横に立つ人」として積み重ねてきた様々な経験が起点になっていたように思います。その意味では、自身の原点を表わす言葉であり、春兆さんとの思い出の言葉でもあり、この言葉をメインタイトルに掲げることができて大きな喜びを感じています。天国（にいるのかどうか……）の春兆さんにも、どうかこの喜びが届きますように。

最後になりましたが、本書刊行にあたり論考の再録をお認めくださった各版元様、貴重な刊行機会をお恵みくださいました青土社様に改めて感謝申し上げます。また本書を手に取ってくださった読者の皆様にも、心より御礼申し上げます。

荒井裕樹

二〇二〇年六月九日

初出一覧

本書収録にあたり、加筆・修正を施した。

1

車椅子の横に立つ人　『STUDIO VOICE』四一二号、二〇一八年
生と死の「情念的語り」（原題「生と死の〈情念的語り〉についての覚書」）『現代思想』二〇一二年六月号
「わかりやすさ」への苛立ち　『文學界』二〇一八年八月号

2

生命と尊厳のために怒れるか　『群像』二〇一七年九月号
「殺意」の底を見据えること　『現代思想』二〇一六年一〇月号
憲法の断層（原題「憲法の断層――障害者運動と日本国憲法についての研究ノート」）『現代思想』二〇一七年五月号

3

「がんばる健気な障害者」はどこから来たのか？（原題「日本文学に描かれた障害者像――「がんばる健気な障害者」はどこから来たのか？」）『季刊　福祉労働』一六一号、二〇一八年

「一階六号室」の修羅場　『neoneo』九号、二〇一七年

4

情念の残り火（原題「【文学やアートにおける日本の文化史】「面白さ」と「やりきれなさ」と――「心病む人」のアートを「観る／観せる」こと」）『ノーマライゼーション　障害者の福祉』二〇一六年四月号

名もなき言葉の断片たち（原題「〈こと〉としての文学」を読むために」）『れにくさ』五号、二〇一四年

アートへの〈希待〉（原題「「精神科医療史」におけるアートの水脈――「丘の上病院」という試み」（文学やアートにおける日本の文化史））『ノーマライゼーション　障害者の福祉』二〇一三年六月号

「自己表現障害者」たち（原題「生き延びるための「障害」――「自己表現障害者」たち」）『α-synodos』九〇・九一合併号、二〇一一年一二月～二〇一二年一月　＊本書収録にあたり、大幅に内容をあらためた。

生き延びるための「障害」　ＳＹＮＯＤＯＳ、二〇一二年二月二九日配信

「存在しないもの」にされた人の言葉　書き下ろし

著者　荒井裕樹　（あらい・ゆうき）
　1980年東京都生まれ。二松学舎大学文学部准教授。専門は障害者文化論、日本近現代文学。東京大学大学院人文社会系研究科修了。博士（文学）。著書に『隔離の文学――ハンセン病療養所の自己表現史』（書肆アルス）、『障害と文学――「しののめ」から「青い芝の会」へ』（現代書館）、『生きていく絵――アートが人を〈癒す〉とき』（亜紀書房）、『障害者差別を問いなおす』（筑摩書房）などがある。

車椅子の横に立つ人

障害から見つめる「生きにくさ」

2020年 7 月 22 日　第1刷印刷
2020年 8 月 17 日　第1刷発行

著　者　荒井裕樹

発行人　清水一人
発行所　青土社
東京都千代田区神田神保町 1-29　市瀬ビル　〒 101-0051
電話　03-3291-9831（編集）　03-3294-7829（営業）
振替　00190-7-192955

印刷・製本　双文社印刷

装　丁　山田和寛（nipponia）

ISBN978-4-7917-7290-2　C0030